特別支援教育サポートBOOKS

だれでも楽しく
読み書きが覚えられる

ひらがな・カタカナ 絵枠トレーニング

コピーして使えるカード＆プリント

西野 桂子 著

明治図書

はじめに

さあ、楽しく読み書きを覚えましょう

はじめまして。

小学校教員歴25年、うち特別支援学級担任6年。退職後、非常勤講師として外国籍児童が通級する日本語指導教室に5年間勤めました。本書で紹介する「絵枠トレーニング」は、この非常勤講師時代に、ひらがな・カタカナを覚えることに苦手さを抱え、心細い思いをしている子どもたちのために考え、実践し、効果を実感できたものです。『特別支援教育の実践情報』誌（明治図書）への投稿をきっかけにこのたび機会をいただき、一人でも多くの子どもたちや指導者の方のお役に立つことができればと、つたない手書きの絵と文字ながら紹介させていただきます。

絵枠トレーニングとは、読めない（文字と音韻が一致しない）子のために、「あ」なら「あめ」、「い」なら「いえ」というように、それぞれが頭文字につく言葉の絵枠の中に文字を書くことによって、周りの大人に聞かなくても、自分で読みを導き出すことができ、その活動を繰り返すことによって、絵がなくても読めるようになる、というものです。

また、書きについても、ノートのような□マスに書くより、絵枠の方が読みを認識しながら書くことができ、最終的には絵枠ごと文字を映像記憶してしまうという、子どもの力に驚かされることになります。

そしてもうひとつの特徴は「楽しい」ということです。子どもは絵が大好きです。言葉が通じない外国からの転入生も、絵を見せるとパッと表情が明るくなります。絵をヒントに読み書きの学習ができる安心感の中で、できる喜びを味わうことができるのです。また指導者にとっても子どもの「できた」場面に立ち会えることは、とてもワクワクした楽しい時間になることでしょう。

もちろん絵枠の効果はその子の実態によりますが、もし、ひらがな・カタカナの覚えの遅れが気になる子や外国籍児童の文字指導の教材をお探しでしたら試してみてはいかがでしょうか。絵枠トレーニングは、「トイレトレーニング」や「お箸トレーニング」のように日常的な動作が当たり前にできるようになる

ために大切な、子どもの日々の積み重ねを楽しく応援する教材です。

本書の絵枠トレーニングで学ぶことができるのは、ひらがな・カタカナの清音までです。でも読み書きはそこがゴールではありません。清音を覚えるのに時間がかかった子は、得てして音読の習得にも時間がかかりがちであると経験上感じています。そこで本書では発展として、単語、短文、教科書とスモールステップを踏んだ、音読の基礎トレーニングについての実践まで触れてみました。他にもたくさんの方法があるかと思いますが、参考にしていただければ幸いです。

西野桂子

本書の使い方 & 留意点

◇絵枠は、黒のシンプルな線画で描いてあります。カラフルな色がついていると、子どもの意識は絵の方に向いてしまうので、着色はさせないで使用してください。また、色を塗るとそこで仕上がった感覚を得て満足してしまいます。さらに、線ではなく面としてとらえてしまい記憶しづらくなります。

ただし、読みの単語カード・短文カードは、記憶が目的ではないので、より楽しく情景がイメージできるように、パウチする前に色鉛筆などで着色してあげてください。（背景への着色は不要です。）

◇絵枠プリントは、最低限の情報にしてあります。子どもの意識を、文字と絵枠に集中させるためです。余計な囲み線や問題文はあえて書いてありません。（読めない子どもには不要だからです。）

指導者向けのコメントも、子ども用に印刷する際には、修正ペン等で消して、コピーしてください。

なお、記名欄が必要でしたら、余白に（　）を書き足して印刷してください。

◇本書で使用しているヘボン式ローマ字（パスポートで使用）は、すべての国の子が読めるものではありません。外国からの転入生の場合も、絵の名前を覚える際の基本は、指導者の口伝えの復唱を継続することです。ただし、高学年の自習や家庭学習用としてローマ字付きの五十音表も用意しましたので、使える場合はご利用ください。

◇本書は製本の都合上、B５サイズですが、実際に使用する場合には、絵枠プリントはA４サイズに、単語・短文カード、五十音表、力試し用単語プリントは、B４サイズに拡大コピーして使用するのをおすすめします。ひらがな・カタカナの五十音絵枠カードは、児童机に五十音順に並べたい場合、等倍サイズにコピーしてください。

目次

絵枠トレーニングがどのように有効に働いたのか，
具体的なエピソードに基づいてご紹介します。
また，カード＆プリント編の使い方を
段階性や便利なアイテムも交えて解説しました。

理論編

1　字は読めなくても絵はわかる？　日本語指導教室で生まれた絵枠トレーニング

日本語指導教室に通級してくる外国籍児童の中に、日本語での会話はかなりできるのに、1年生の後半や2年生になっても、ひらがなの読み書きが覚えられない子どもたちがいました。

たしかに文字は、線が折れ曲がっただけの記号です。日本人の子でも覚える時期に差が見られるのは当然のこと、まして外国籍の子は、家庭では母国語を使っていたり、就学前に幼稚園や保育園に通っていなかったりするケースも多く、日本語の経験値が低いのですから仕方のないことです。

それを「あ」と読む根拠はなく、その子の記憶力頼みです。

だからといって、いつまでも読めない・書けないでは、学習に支障がありますし、本人にとっても辛いことです。周りの大人も、どうしたものかと困ってしまうでしょう。ついうっかり、「なんでいつまでも覚えないんだ。」なんて言ってしまってはいけません。一番困っているのは本人なのですから。頭の中で、46文字分のひらがなと読みが、なかなか一致しないのです。

そんな子どもたちを、何か支援する方法はないだろうかと考えついたのが「絵枠」です。日本語で絵の名前が言えるのなら、飴の絵の中に「あ」と書いたら、ただの記号に意味をもたせることができるのではないかという発想から、五十音表・46文字分の絵枠をなんとか考え、読み書きのトレーニングを行ってみました。すると、さまざまな効果と嬉しい場面を見ることができたのです。

エピソード1　予想外の効果に気づかせてくれたAさん

外国籍のAさんは、ばりばりに日本語で話せる子です。でも2年生になってもひらがなをマスターしていないということで、個別指導に当たることになりました。絵枠トレーニングを考えるきっかけになった子です。絵枠トレーニングで読み書きを覚えたら、□マスで書きの力試しをするのですが、初めてのその日、それまで順調だったAさんの手が止まりました。「ひ」が、思い出せないようです。そこで、何の気なしに「ひまわりのひだよ。」と言ってみました。するとAさんは、ハッとひらめいて「ひ」が書けたのです。このとき、文字が絵枠ごと映像として記憶されていることに気づいたのです。それ以降、どの子にも思い出せないときには絵枠のヒントを言ってあげました。皆同じようにハッとひらめく嬉しい瞬間を見せてくれました。読み書きがわからないときに、近くの大人に聞かなくても自分の頭の引き出しから引き出せる。そのことによって、子どもは大きな自信を得ることができる。これが絵枠トレーニングの一番の効果です。

エピソード2　自分でも読めて不思議そうだったBさん

Aさんと同級生のBさん。会話はできますが、まだ十分ではありません。やはり読み書き指導が必要な子です。後で詳しく説明しますが、読みのトレーニングでは、まず、絵枠の中にひらがなを書いたカードをパッパッと見せて絵の名前を言わせ、次に名前の頭文字（すなわち読み）を言わせます。それを繰り返してから、カードの裏に書いた文字のみを読ませます。すると数枚が魔法のように読めてしまうのです。絵枠をヒントに、自信をもって発声を繰り返すことによって文字と読みがつながるのだと思われます。お勉強にちょっぴり苦手意識をもっていたBさん。自信なさげな小さな声で小首をかしげながら（これが実にかわいい）読みましたが、ちゃんと合っています。「読めてるよー」と、大いにほめてあげたのは言うまでもありません。

エピソード3　絵枠の名前より先に字を覚えてしまったCさん

Cさんは2年生の3学期に外国から転入してきました。日常会話の指導は週2日の通訳の先生にお任せして、早速絵枠トレーニングの開始です。（日本語の語彙を増やす意味もあります。）しかしさすがに46個分の名前をすぐには覚えられません。まずは絵枠の名前を教えます。するとCさんは、絵枠の名前をすべて覚えるより先に、絵枠の中に書くべきひらがなを覚えてしまいました。こういう場合もあるのだなと感心しました。（絵枠の名前を覚えることが絶対ではありません。要するに文字が覚えられればいいのです。）Cさんは絵枠のヒントだけでなく五十音表の位置でも覚えようとしていました。

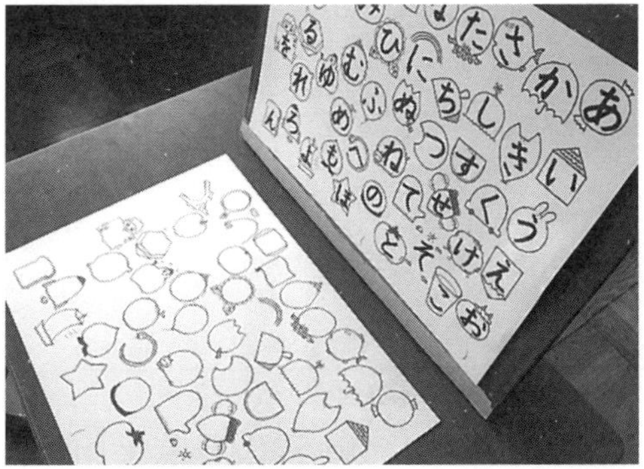

エピソード4　秘めた力をもっていたDさん

Dさんは1年生の2学期から絵枠トレーニングを始めました。日本での生活は長いようでしたが家庭では母国語を使い、幼稚園経験はなく、3月生まれもあって他の1年生より少し幼い印象でした。トレーニングの開始当初、ひらがなだけで読めるのは2文字、絵枠の名前が言えるのは11個だけでした。毎回のトレーニングでも、なかなか絵枠の名前が覚えられません。それでも毎回1、2個ずつは覚えてくれます。この子のすごいところは、絵枠の名前さえ覚えれば、文字のみのカードを見ただけで絵枠の名前が言えてしまうところでした。例えば「あ」を見ただけで「あめ」、「い」を見ただけで「いえ」というふうにです。それは、覚えた数がどんどん増えても変わりませんでした。絵枠は文字を覚えるための手段で、最終的には脱却すべきものです。それでなければ、例えば「あひる」と読むところを「あめ・ひまわり・るびい」と頭の中で回り道をすることになってしまいます。絵枠の名前を覚えさせるのに必死でその脱却のタイミングが遅れたDさんは大丈夫だろうかと心配になり、「今日は、あめ、と言わないで、あ、と言ってごらん。」と、カードを1枚ずつめくりながら見本を見せると、ちゃんとできたのでほっとしました。そして、2学期の指導最終日、なかなか覚えられなかった9個の絵枠の名前が一気に言えるようになり、とうとう全部読めるようになったのです。（文字を見て絵が思い浮かぶ、Aさんの映像記憶と逆パターンです。今にして思えば、他の子が読めたのも絵が見えていたのかもしれません。）

これらの実践を経て、もともとは外国籍児童のために考えた絵枠トレーニングですが、既に絵枠の名前を知っている日本人児童にも使いやすい教材であることがわかりました。

絵枠を使うことで、子どもは読み書きに意欲と自信をもつことができ、教師は、子どもの記憶の過程に積極的に働きかけ、これを続ければ覚えられるという指導の見通しをもつことができるでしょう。

拡大コピーしたら興味津々

2 読みと書きのトレーニング

トレーニングを始める前に

絵枠トレーニングには読みと書きがあります。

1年生の教室で既にひらがな学習をし絵枠の名前がほぼ言える子には、読み書き同時にスタートしました。1学期終了間近になって、あと数個が読めないというような子には、読みのトレーニングを1～数回すれば読めるようになりました。

外国からの転入生など、初めてひらがなに触れる子には、まず五十音表の復唱、発声を十分練習し、「あ」と聞いたら「あいうえお」、「か」と聞いたら「かきくけこ」……と言えるようになってから書きのトレーニングを始め、五十音表の視写に入る頃から読みのトレーニングを始めました。
いずれにしても、その子の実態に応じて足りない力を補うようにトレーニングを実施してください。

読みのトレーニング

1　絵枠カードをつくる

24～35ページをコピーしてから、＋印に定規を当ててカッターナイフで切り離し、中表に折って、はさみで角を丸く切り落としてからパウチします。あるいは、厚紙をひとまわり大きく切って、その両面に貼り付けてください。さらに、はさみで角を丸く切り落とします。（1枚の大きさを7×5.4㎝にすると、児童机に五十音表のように並べられます）

＊子どもの意識を文字に集中させるために、文字は太く、絵枠は細い線画にしています。色は同じ理由から不要です。

2　読みのトレーニングをする

①子どもと向かい合い、文字のみの裏面を1枚ずつ見せて読ませ、読めたカードと読めなかったカードに分ける。
②読めなかったカードの表面を見せ、絵の名前を言わせる。名前を言えたカードと言えなかったカードに分ける。
＊言えなかったものは、後で実物や写真を見せながら教えます。
③名前が言えたカードを再度見せ、できるだけ瞬時に言えるまで繰り返す。次に名前の頭文字だけを、瞬時に言えるまで繰り返した後、裏面の文字のみを読ませてみる。
＊多い場合は半分ずつ実施してもよいでしょう。
＊読めなかったものは、絵付きの面で再度練習します。
＊後の単語短文読みのためにも「瞬時に読む」力を鍛えましょう。音読は瞬時に読む連続です。

トレーニングで大切なことは、子どもにプレッシャーや読め

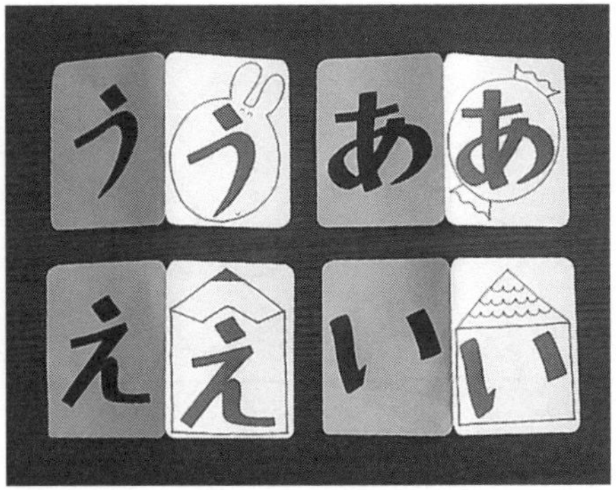

ない罪悪感を感じさせないことです。私は事前に

「読めなくてもいいんだよ。」

「読めなかったらパスって言ってね。」

と話しかけています。（何回も「読めません。」と言わせては、かわいそうですからね。）読めずに無言でいる場合も先に進みます。そして読めたときは、「すごーい！」と、大いにほめてあげます。

3　結果を記録する

トレーニング終了後すぐに、分けたカードごとに結果を記録します。記録用紙は、視写用の絵枠五十音表（89ページ・119ページ）を使用しました。毎回記録を残すことによって、読めたのが偶然ではなく覚えてきたのだとか、この字はまだ一度も読めていないなどの傾向がわかり、次の指導対策に役立ちます（苦手な文字をピックアップした練習プリントをつくるなど）。何より読めた数が増えていくのが目に見えて、子どもも指導者も励みになります。（特に評価項目の○はトレーニングの成果を確認することができます。）

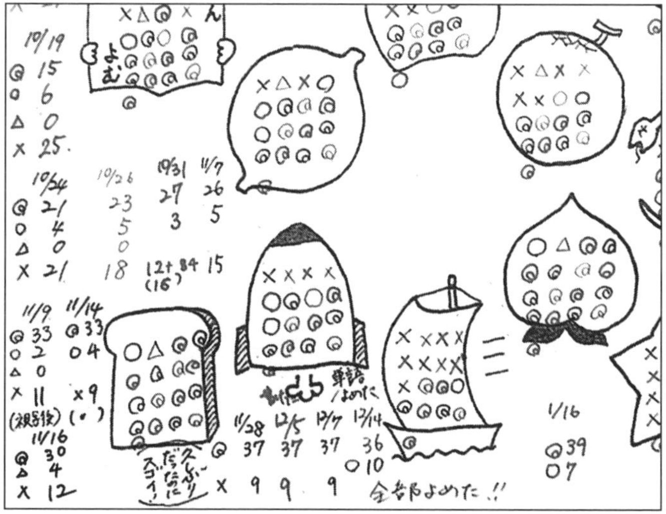

Dさんの記録

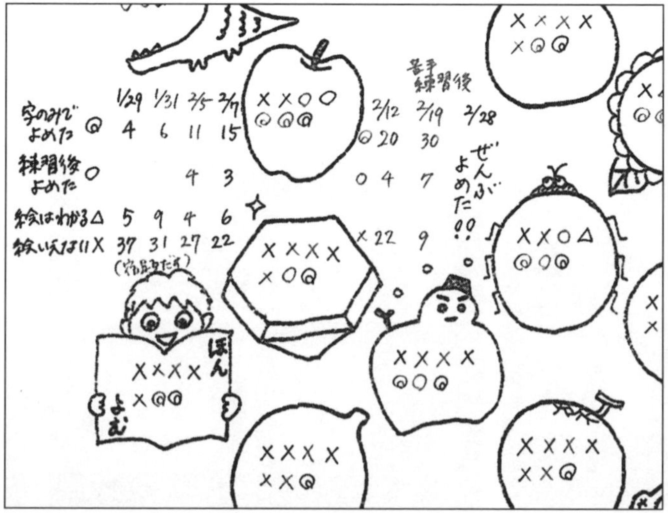

外国からの転入生（1年3学期〜）の記録

◎…はじめから文字のみで読めた　○…絵を見て練習後、文字のみで読めた

△…絵付きなら言えた　×…絵の名前がまだ言えない

余白に、日付と項目ごとの合計数を書きます。（私は週2日勤務の非常勤だったので、指導日に間隔が空いています。）

絵の名前を覚える練習1

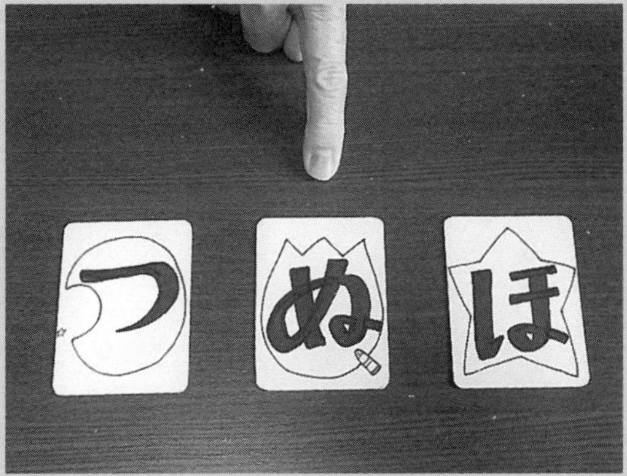

絵の名前が言えない文字カードを3枚ずつ並べ、1枚ずつ指さしながら「つき、ぬりえ、ほし…」と一緒に繰り返し言った後、並べ替え「これは？」とランダムに質問します。正解だったらカードを回収し、次のカードを置きます。

絵の名前を覚える練習2

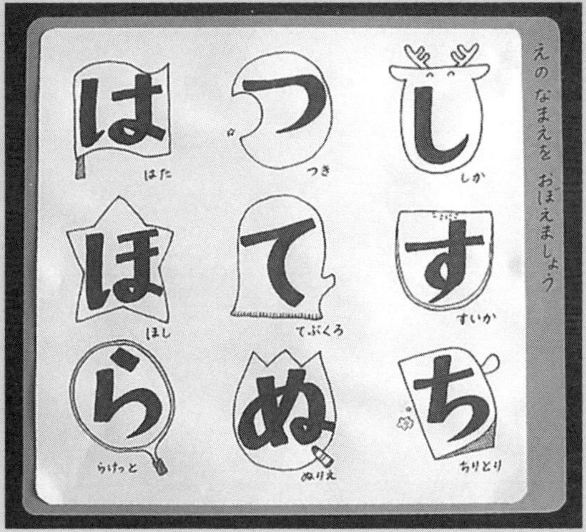

個人用の練習プリント。休み時間や家庭でも教師のかわりに「これは？」と聞いたり答えを教える役をしてもらえるよう、仲良しのクラスメートや兄姉にコミュニケーションも兼ねてお願いしました。

書きのトレーニング

1　絵枠プリントの段階性

絵枠プリントは3段階に分けて用意しました。

第1段階　形や筆運びが似た文字（比較的画数の少ない簡単なものから）。違いを意識して練習させます。

第2段階　五十音の順に各行ずつ練習させます。特に外国からの転入生には「あ行」「か行」……を、仲間として意識づけます。

第3段階　五十音表での習得。なぞり用で書き順の確認をしてから、視写に進みます。

第1段階と第2段階は、両方をやる必要はありません。（児童の実態に応じて使用してください。）いずれも書くときに、「あめ、あめ、あめ、……」「いえ、いえ、いえ、……」と子どもに言わせて、読みと書きを同時にインプットすることをねらいます。子どもが書きに集中して言えない場合は、指導者が言ってあげてもかまいません。また書き順は、子どもの筆運びをリードするように指導者が言ってあげます。（「あ」だったら「いち、にい、さーん。」といった具合です。）とめ、はね、はらいも意識させました。（例えば「け」だったら「けしごむ、いち　ピッ、に　ピタ、さん　シュッ」といった具合です。）

このトレーニングの一番の目的は、「文字を覚えること」ですから、字の上手さは要求しません。覚えるためには繰り返すことが大切ですから、子どもが楽しく意欲的に取り組めるよう、たくさんほめてあげてください。ただし間違いだけは見逃さず、その場で指導します。書き順も、はじめが肝心なので、書き順なぞりで定着させることを目指します。

2　視写

なぞりができても、覚えたわけではありません。そこで次の段階として視写が大切になってきます。視写の重要性と効果は、私が特別支援学級の担任をしていたときに実感したことです。視写をするにはお手本が必要です。そのお手本と手元のプリントとの間を、視線が行ったり来たりするうちに、頭の中に記憶されていくと感じています。両者の距離が遠すぎては子どもにとって難しくて苦痛になり、近すぎては簡単で効果が低くなってしまいます。そこで私は、支援級の頃から「マイボード」と名付けた手づくりのお手本台を使っています。（11ページ・エピソード3写真参照）

このマイボードなら、目の前に立てるので机上が広く使え、視線も一定した縦移動で見やすいため、子どもの集中力も持続しやすくなります。その子なりに、じっくり見たり、チラッと見たり、見ないで挑戦しようとしたりしながら、やがてお手本が不要となっていくのです。

私は、国語の授業の開始時に、毎回1回、絵枠プリントで五十音表の視写をさせました。回を重ねるうちに、子どもの視線の動きや、書くスピードから、書き慣れていくのがわかります。そこで時々力試しとして、お手本なしで絵枠プリントに書かせてみます。書けない文字が、あと10個

マイボード

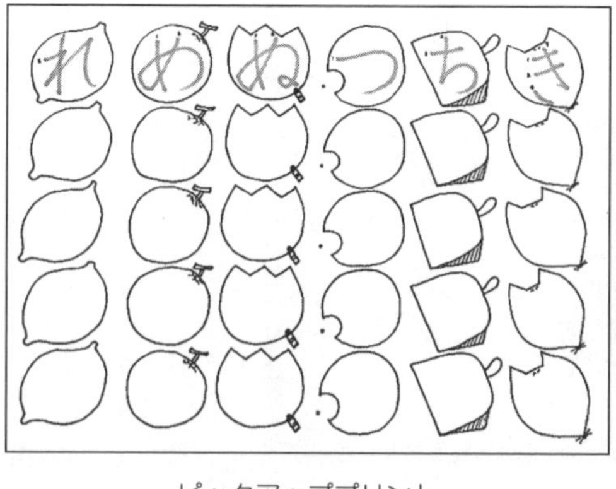

ピックアッププリント

くらいになったら、それだけをピックアップした練習プリントを切り貼りしてつくり、1行ずつ練習させます。そうしてすべて覚えたら、最終段階として絵枠なしの□マスプリントでテストします。

この□マスプリントのとき、子どもが思い出せずに書けなかったら、ヒントとして、絵枠の名前を言ってあげてみてください。子どもがひらめいて書けたら「ちゃんと頭の中に入っているよ。」とほめて、自信をもたせるようにします。最終的に合格したら、「ヤッター」と万歳や拍手をおもいっきりしましょう！

〈マイボードの作り方〉

1　不要になった厚手の段ボールからB４用紙より一まわり大きいサイズに切り取り、周りをカラーガムテープで補強する。

2　お手本プリントを置く場として、前面下に1.5センチ幅に切った段ボールを両面テープで接着する。

3　牛乳パック2個を切り開いて組み合わせ、別の牛乳パックから切り出した2枚の底面を両面テープとガムテープで接着した三角柱を、裏側に両面テープで固定する。

単語の読み書き

絵枠カードやプリントで読み書きをマスターしたら、2～3文字単語の読み書きに挑戦です。（ひらがな読み：47～50ページ、ひらがな書き：91～92ページ）

いくつかの単語に濁音が交ざっていますが、ここでは清音の習熟度をチェックするのが目的なので、

「『ぎ』と読むよ。」

「『き』に点々だよ。」

と読み方や書き方を教えてあげてください。書きのプリントは太字の□マスが46個あります。（カタカナは45個。ヲを除く。）単語読みのカードも＋印で切り離し、中表に折ってパウチしてください。単語を読ませてから「ピンポーン！（正解）」と裏返して絵を見せます。（22ページ

「トントン読み」参照）後の短文カードもそうですが、文字を読ませてから絵を見せることによって、読んだ内容の答え合わせができ、文字が読めると情景がイメージできるという初歩的な体験を楽しませます。清音を使いこなせることが確認できたら、濁音・半濁音、拗音、促音、長音の練習に入ります。カタカナへ進みたいところですが、絵枠の混乱を避けるとともにひらがなの習熟を図ります。

濁音・半濁音、拗音、促音、長音の読み

いずれも身につけた清音がもとになります。（外国籍児童の中には日本語がわからないだけで理解力の高い子もいるので、表などによって規則性を捉えさせるように心がけました。）

①濁音・半濁音

子どもに20ページの表を見せて、まず濁音・半濁音の種類を明確に知らせます。そして、指さしながら

「かきくけこ、がぎぐげご、かきくけこ、がぎぐげご……」

「かがかがかが…ぎぎきぎきぎ…ぐぐくぐくぐ…」

と、ゆっくり口形を意識させながら繰り返し言わせることによって、舌や喉、は行については唇に違いがあるけれど、口形は同じであることを感覚的に捉え（鏡で見せたり、「あいうえお」の口形を絵に描いて見せてもよいでしょう）、清音の読みをもとに読めるように練習します。1文字ずつカードにして練習する場合、読めなかったら濁点を隠して清音を読ませ、「かがかがかが」を想起させるようにします。

②拗音、促音

五十音表の、い段を囲み、それに小さな「ゃ、ゅ、ょ」がつくと、新しい読み方になることを知らせます。そして、21ページの表を見せて、指さしながら

「き、や、き、や、きやきやきや…きゃ」

と、だんだん早く発声し、一音で読むことを理解させて練習します。

小さい「っ」は「読まずにジャンプしよう」となげかけ、お手本を真似させました。

③長音

まず五十音表を見ながら、「あかさたな…」と、あ段、い段、う段、え段、お段を読ませます。（これも繰り返して空読みできるようにさせたいものです。）次に、

「ああ、かあ、さあ、たあ、なあ、…」

と、あ段は伸ばすと「あ」が聞こえることを確認し、「おかーさん」と伸ばして読むように練

習します。ただし、「れいぞうこ」のように、「え段＋い」や、「お段＋う」などがあるので、特に書く場合は、それぞれの単語をグルーピングして練習させました。

あ段＋あ　おかあさん　おばあさん　かあかあ　があがあ　ざあざあ　にゃあにゃあ
い段＋い　おにいさん　おじいさん　ちいさい　しいたけ　ひいおばあちゃん
う段＋う　さんすう　くうき　つうがくろ　ふうせん　せんぷうき　ゆうやけ　きゅうり
え段＋え　おねえさん
え段＋い　せんせい　せいかつ　すいえい　とけい　れいぞうこ　ていねい　めいじん
お段＋お　とおい　おおきい　こおり　おおい　おおかみ　とお　とおる
お段＋う　おとうさん　いもうと　おとうと　ずこう　ぼうし　ろうか　きょうしつ

など

■短文の読み

濁音、拗音、長音交じりの2～4語文を読みこなせるように練習しましょう（55～62ページ）。カタカナの導入にもなっているので、この段階では読み方を教えてあげてください。

単語カード同様、文が読めてから絵を見せますが、絵を見て文を言わせるなどの使い方の応用もできます。

AからHまで助詞ごとに分類してあり、1から4へ少しずつ発展させてあるので、助詞の使い方に慣れるよう、順番をかえずに読む練習をしてください。

助詞は「が、を、に、の、と、も、は、へ」を扱っています。助詞の存在や役割を教える際にもご活用ください。

短文が読めるようになったら、カタカナの学習に進みましょう。絵枠カードは35～46ページに、単語カードは51～54ページにそれぞれ収録しています。

濁音・半濁音表

口の形を意識しながら交互に繰り返し発声しましょう。

か	が	さ	ざ	た	だ	は	ば	ぱ
き	ぎ	し	じ	ち	ぢ	ひ	び	ぴ
く	ぐ	す	ず	つ	づ	ふ	ぶ	ぷ
け	げ	せ	ぜ	て	で	へ	べ	ぺ
こ	ご	そ	ぞ	と	ど	ほ	ぼ	ぽ

■拗音表■

2音からだんだんスピードをあげて1音で発声しましょう。

きゃ	ぎゃ	しゃ	じゃ	ちゃ	ぢゃ	にゃ	ひゃ	びゃ	ぴゃ	みゃ	りゃ
きゅ	ぎゅ	しゅ	じゅ	ちゅ	ぢゅ	にゅ	ひゅ	びゅ	ぴゅ	みゅ	りゅ
きょ	ぎょ	しょ	じょ	ちょ	ぢょ	にょ	ひょ	びょ	ぴょ	みょ	りょ

音読トレーニング―トントン読みでスラスラ読みを目指す

ひらがなが読めるようになったら、単語や短文、教科書へと読みを進めたいところですが、なかなかひろい読みから脱せない子がいます。日本語指導教室で私が実践している音読トレーニングを紹介します。

文字の見方を教える

ひらがなの読みを覚えたての子は、単語を見ても1文字ずつ目で追って発声するので、「あ、め」とひろい読みになります。次に「あ、め。あめ！」となり、やがてはじめから「あめ」と読めるようになります。しかし、なかなかそれができない子には、単語カードを見せたらすぐに発声させず、指導者が指先やペン先で、「トントン」と机を鳴らす間に、2文字をまとめて見取って（頭の中でひろい読みして）第一声から「あめ」と読もう、と投げかけてみました。本来なら瞬時に見取って読むところを、「トントン」の猶予をあげたのです。（子どもの実態に応じてトントンをゆっくりにしたりトントントントンにします。「見て見て。」と呼びかけることもあります。）はじめから上手くはできませんが「まとめて見取ってトントンで発声する」と意識しながら繰り返すことによって、次第に上手に読めるようになりました。

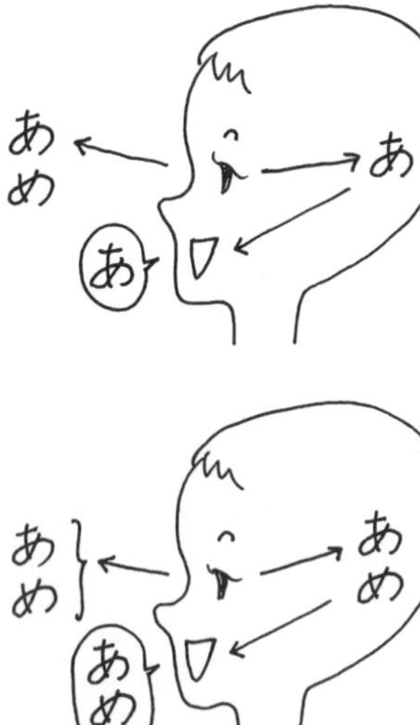

次に2～4語の短文カードで練習します。（幼児用の絵本でもよいのですが、助詞を使った基本文型など指導者が意図する文を読ませられるので、短文カードづくりはおすすめです。）手のひらや厚紙などで隠して1文節ずつ見せ、トントン読みさせます。そのとき、1文節がスラスラ読めるまで、トントンのリズムに合わせて「もう1回」と呼びかけ、何回も繰り返させます。仕上げとして、自分のペースで最後まで上手に読めたら裏の絵を見せます。

国語の教科書も同様に練習します。2年生の中盤から文節ごとの空欄（分かち書き）がなくなるので、文節ごとに分かち線を入れてあげます。特に途中転入の外国籍の子は日本語の語彙が少なく読みながら先を推測することができないので、この支援が大切になります。（もうひとつの支援として、漢字にルビをふっています。）トントン読みができるようになったら、自分のペースで読ませて合格です。長い物語文などは、中だるみしないように句点ごとに指導者と交互読みをすると、二人だけのミニ朗読会となり、読む楽しさも味わえます。

時間がかかることもありますが、指導者のトントンにリードされて子どもは視線や意識を文字に集中し続けながら、緊張感のある音読トレーニングをすることができます。

[読みのトレーニングカード]

●五十音絵枠カード　ひらがな編／カタカナ編

●単語カード　ひらがな編／カタカナ編

●短文カード

[書きのトレーニングプリント]

●ひらがな

STEP１　形や筆運びが似ているひらがな

STEP２　行ごとの五十音順

STEP３　五十音表（なぞり／視写／マス）

TRY！　力試し用単語プリント

●カタカナ

STEP１　形や筆運びが似ているカタカナ

STEP２　行ごとの五十音順

STEP３　五十音表（なぞり／視写）

TRY！　力試し用単語プリント

カード & プリント 編

切 U SA GI 折 うさぎ 切 A ME 折 あめ 切

う

あ

切

え

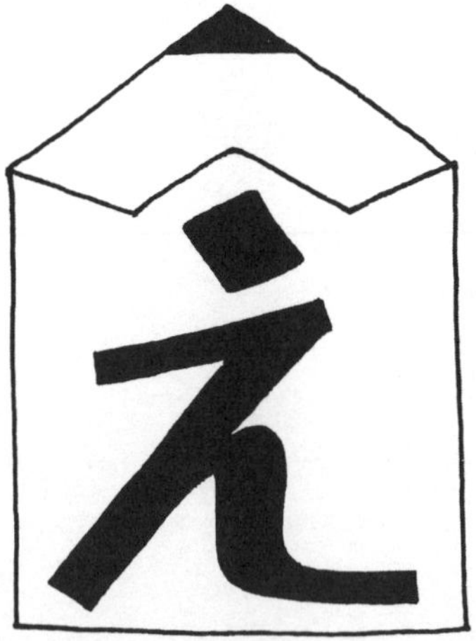

い

E M PI TSU えんぴつ I E いえ 切

切	KI TSU NE	折	きつね	切	O NI	折	おに	切
	き		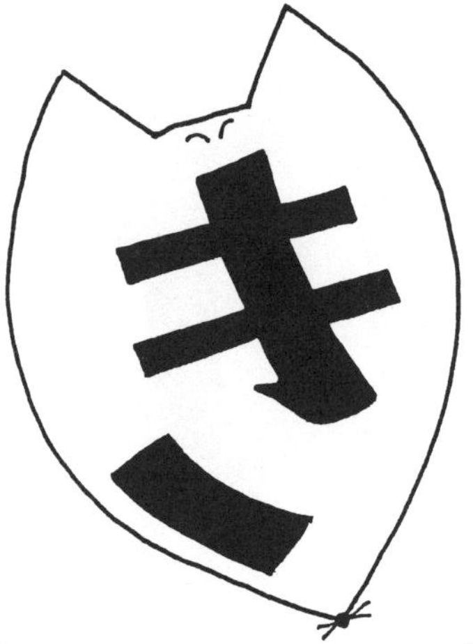		お			切
	く				か		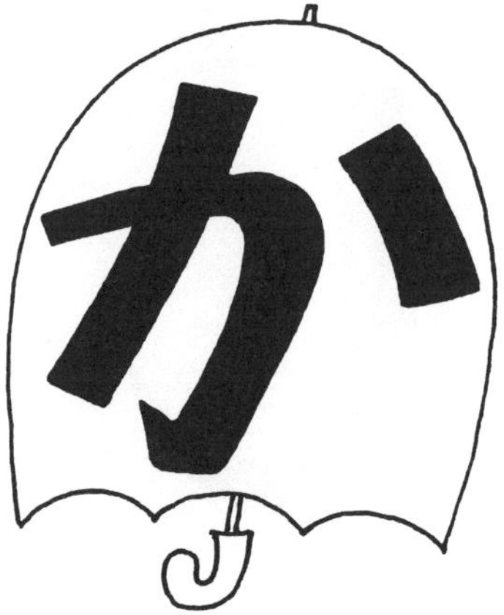	切
	KU RU MA		くるま		KA SA		かさ	

SA KA NA さかな KE SHI GO MU けしごむ

さ

け

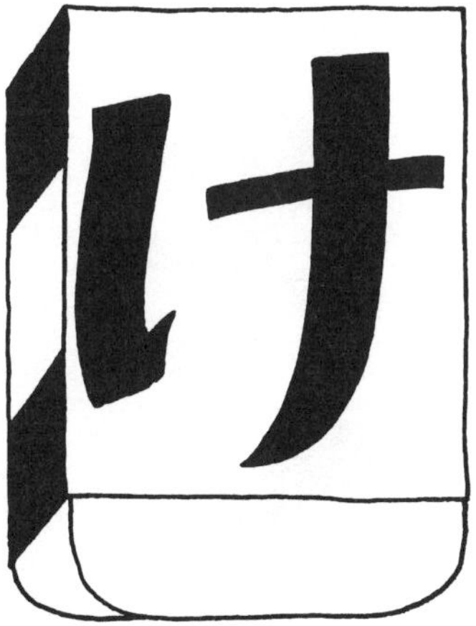

し

こ

SHI KA しか KO PPU こっぷ

切 SO RA 折 そら 切 SU I KA 折 すいか 切

そ

す

切

た

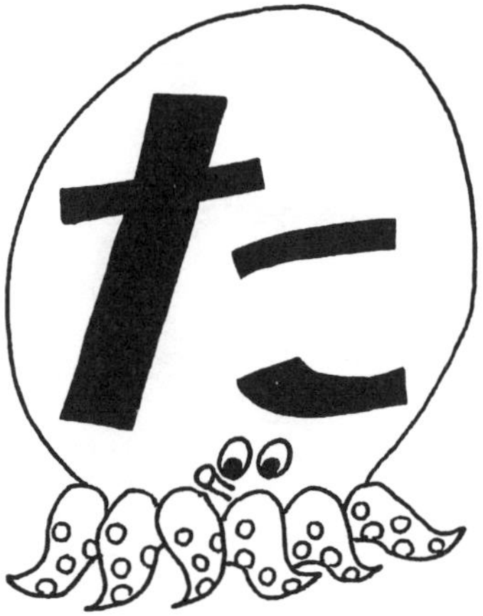

せ

TA KO たこ SE MI せみ 切

TE BU KU RO | てぶくろ | CHI RI TO RI | ちりとり

て

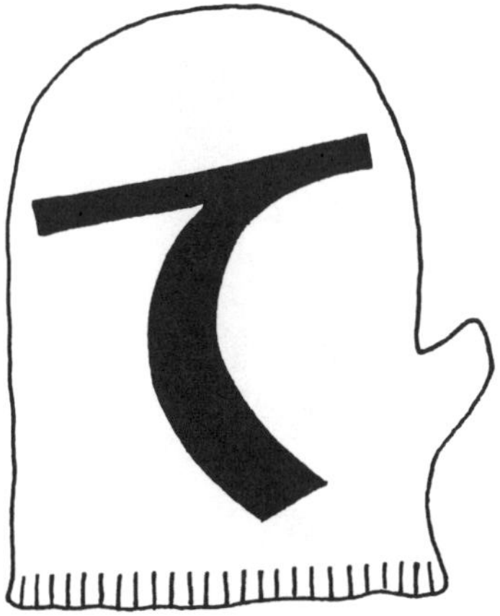

ち

と

つ

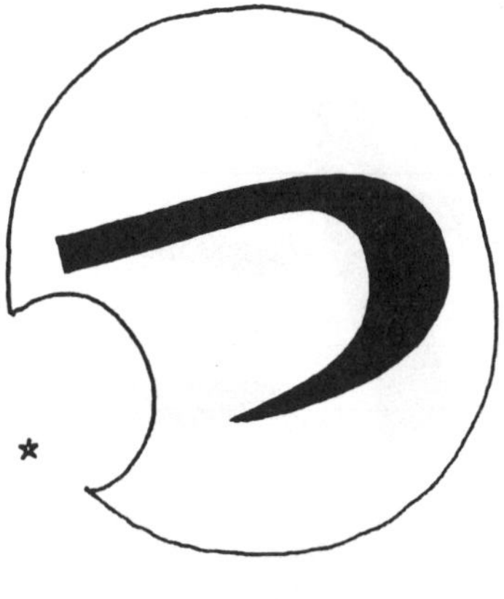

TO KE I | とけい | TSU KI | つき

NU RI E　ぬりえ　NA SU　なす

ぬ

な

ね

に

に

NE KO　ねこ　NI JI　にじ

HI MA WA RI	ひまわり	NO RI MA KI	のりまき
ひ		の	
ふ		は	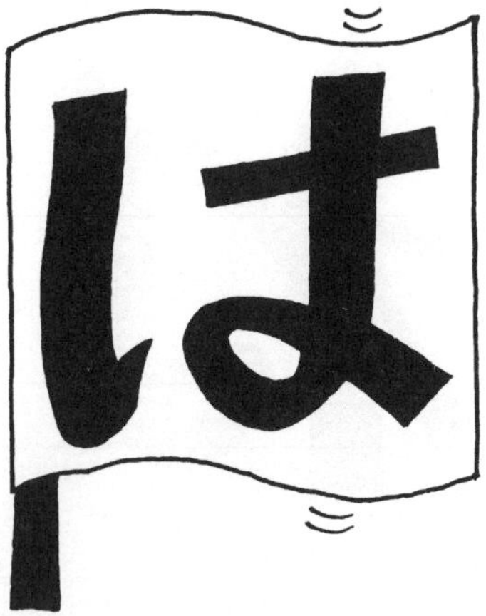
FU SE N	ふうせん	HA TA	はた

MA SU KU　ますく　HE BI　へび

ま

へ

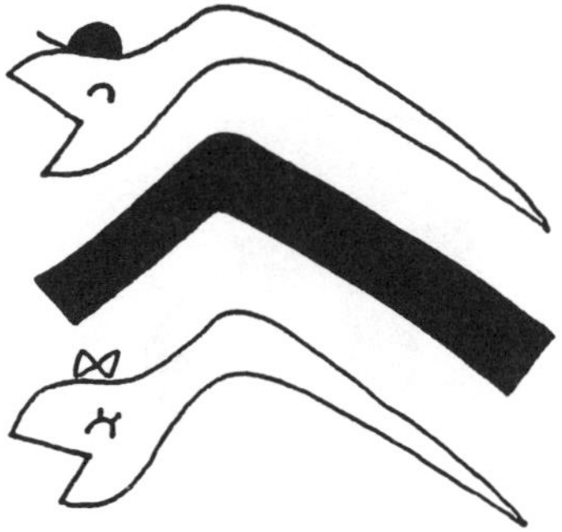

み

ほ

MI KA N　みかん　HO SHI　ほし

切 MO MO 折 もも 切 MU SHI 折 むし 切

も

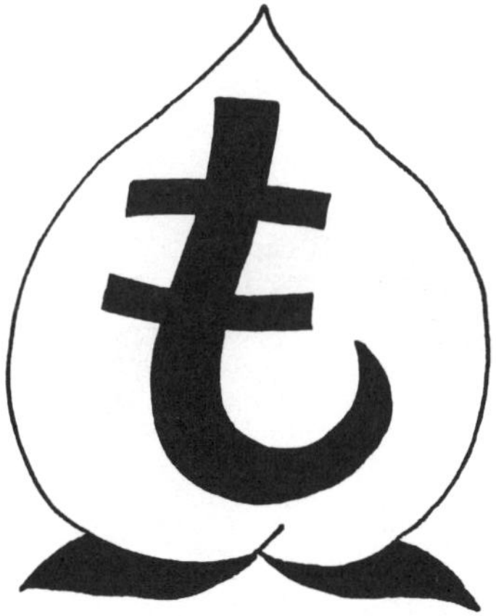

む

切

や

め

YA MA やま ME RO N めろん 切

RA KE TTO　らけっと　YU KI DA RU MA　ゆきだるま

ら

ゆ

り

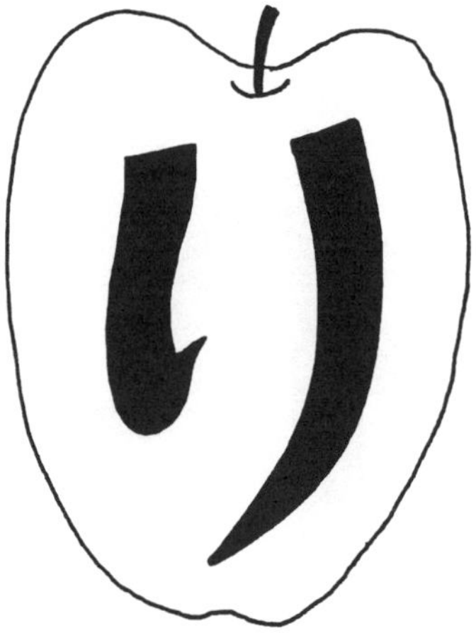

よ

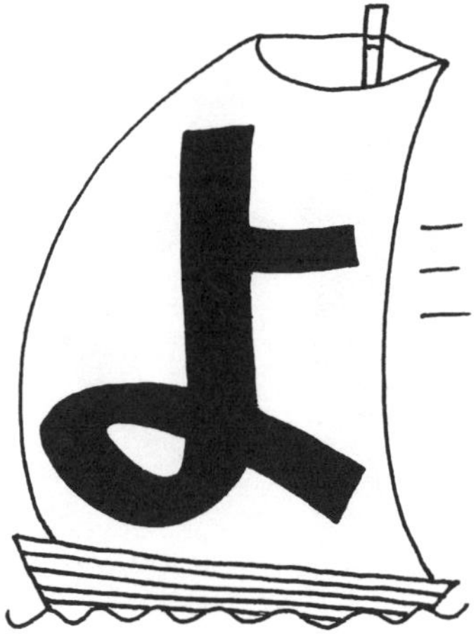

RI N GO　りんご　YO TTO　よっと

RO KE TTO

ろけっと

RU BI

るびい

ろ

る

わ

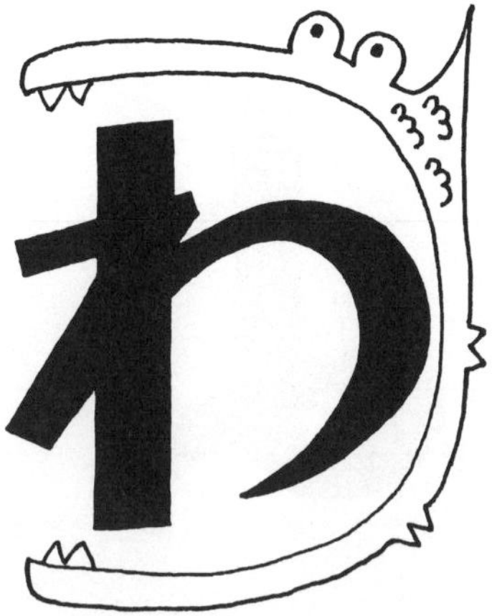

れ

WA NI

わに

RE MO N

れもん

切 A I SU 折 アイス 切 HO N O YO MU 折 はんをよむ 切

ア

を

切

イ

ん

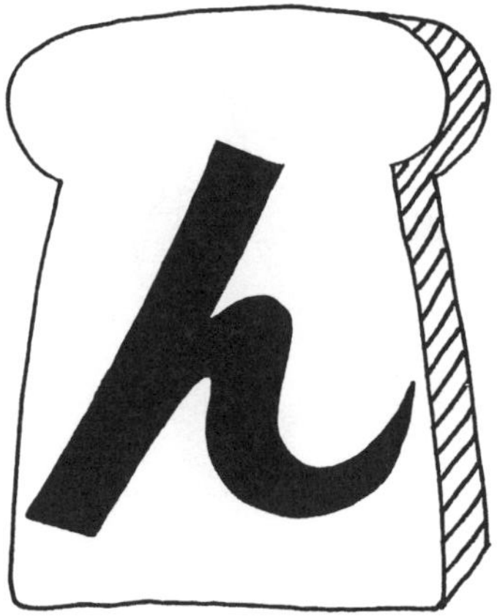

I N KO インコ PA N ぱん 切

切 O RE N JI 折 オレンジ 切 U I N NA 折 ウインナー 切

オ

ウ

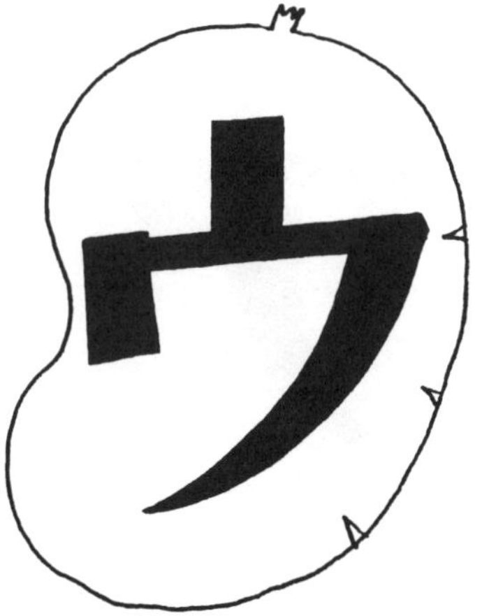

切

カ

エ

KA PPU カップ E PU RO N エプロン 切

KE KI	ケーキ	KI U I	キウイ
ケ	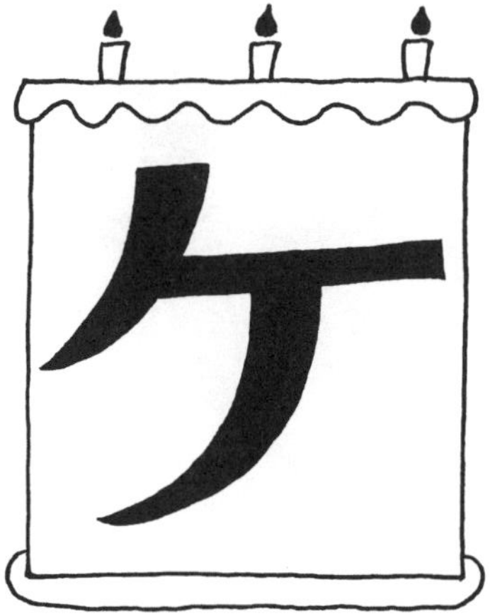	キ	
コ		ク	
KO PPU	コップ	KU KKI	クッキー

SU PU N　スプーン　SA KKA　サッカー

ス

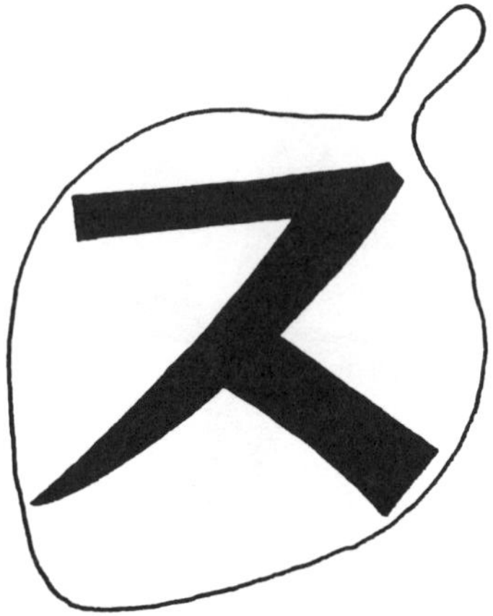

サ

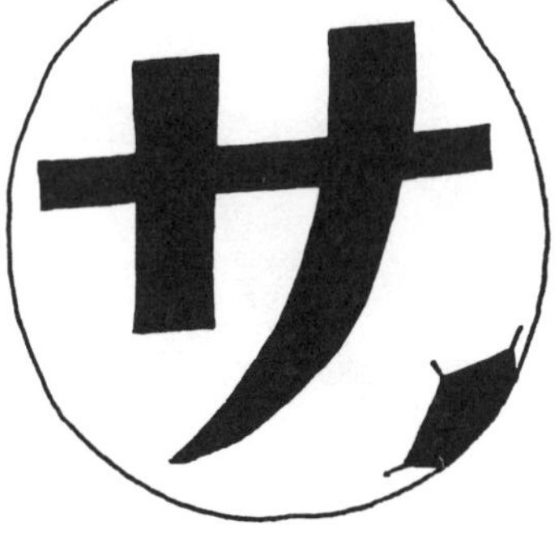

セ

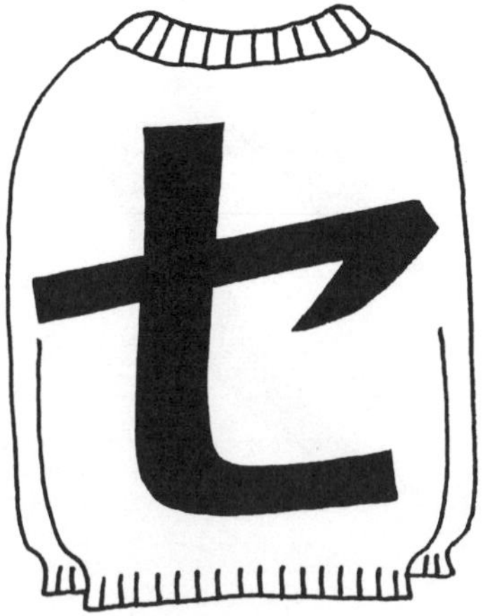

シ

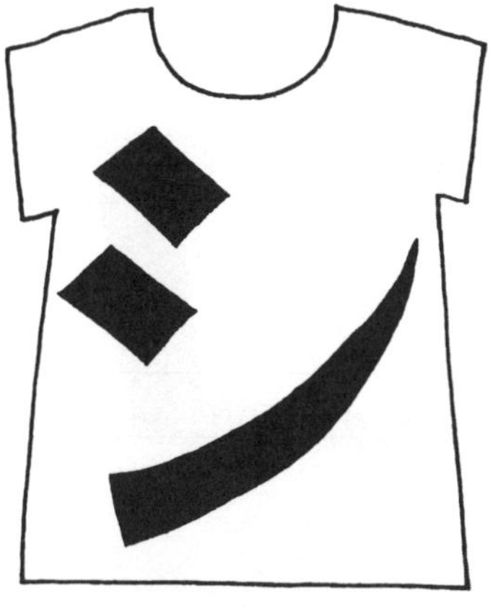

SE TA　セーター　SHI YA(SHA) TSU　シャツ

CHI YU(CHU) RI PPU　チューリップ　切　SO SU　折　ソース　切

チ

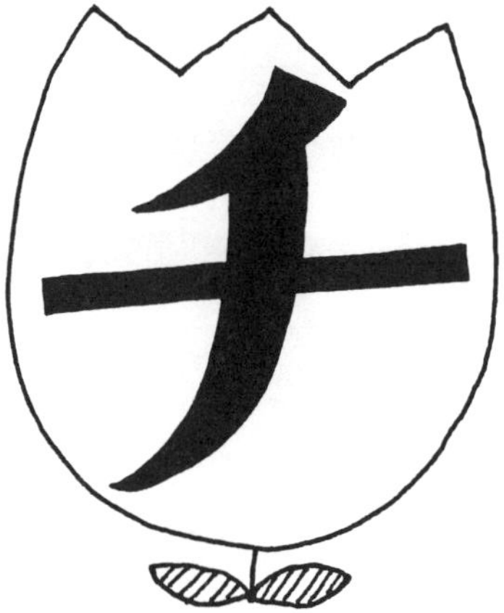

ソ

切

ツ

タ

TSU RI　ツリー　TA MA NE GI　タマネギ　切

切 NA I FU 折 ナイフ 切 TE RE BI 折 テレビ 切

ナ

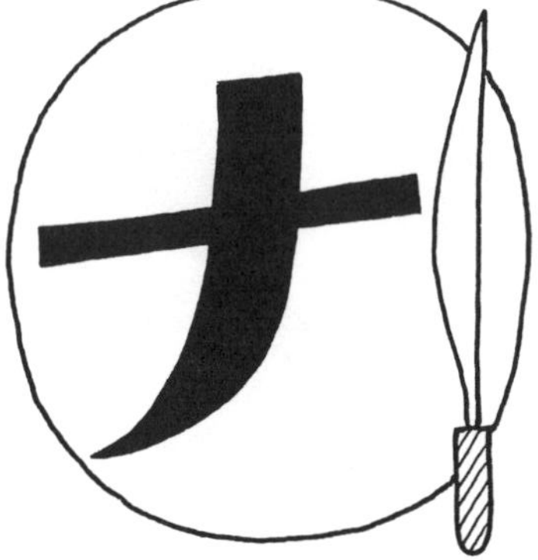

テ

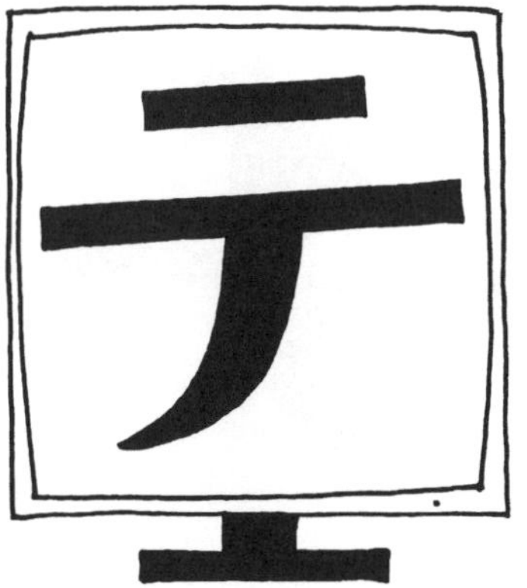

切

ニ

ト

NI N JI N ニンジン TO MA TO トマト 切

NO TO

ノ

ノート

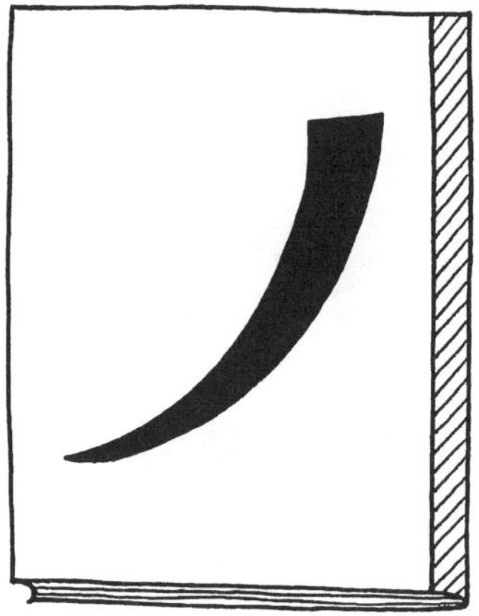

NU DO RU

ヌ

ヌードル

ハ

HA TO

ハート

ネ

NE KKU RE SU

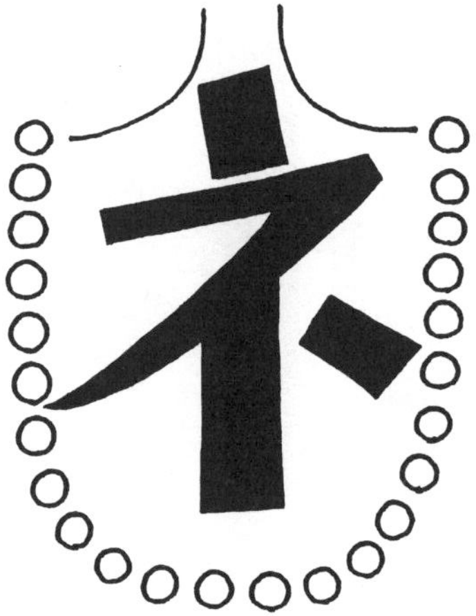

ネックレス

切 HE RI KO PU TA 折 ヘリコプター 切 HI TSU JI 折 ヒツジ 切

ヘ

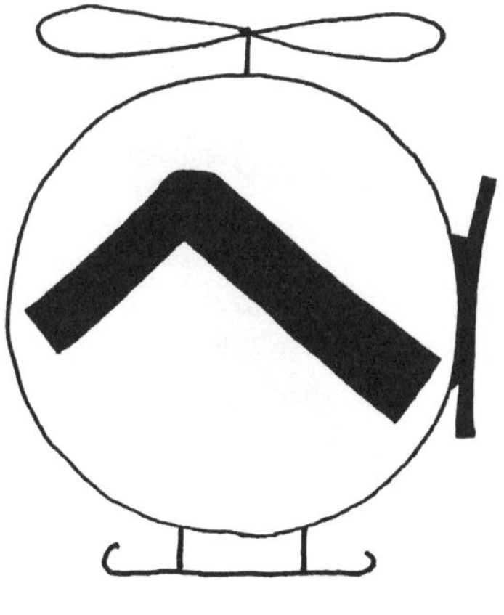

ヒ

切

ホ

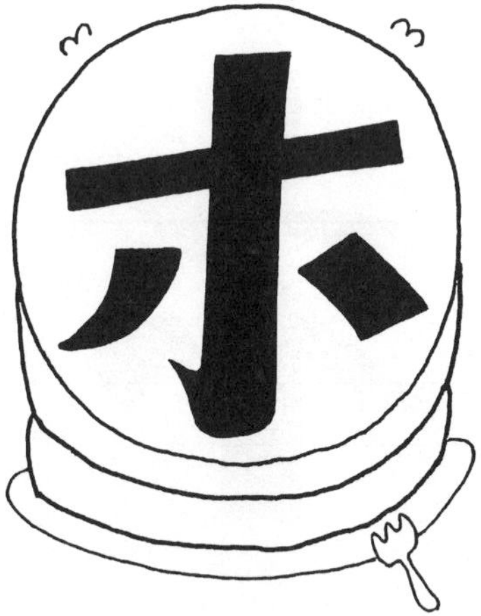

フ

HO TTO KE KI ホットケーキ FU RA I PA N フライパン 切

切 **MU** SA SA BI 折 ムササビ 切 **MA** YO NE ZU 折 マヨネーズ 切

ム

マ

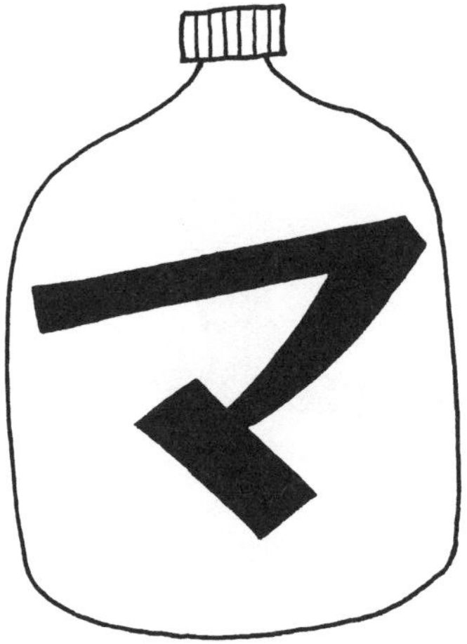

切

メ

ミ

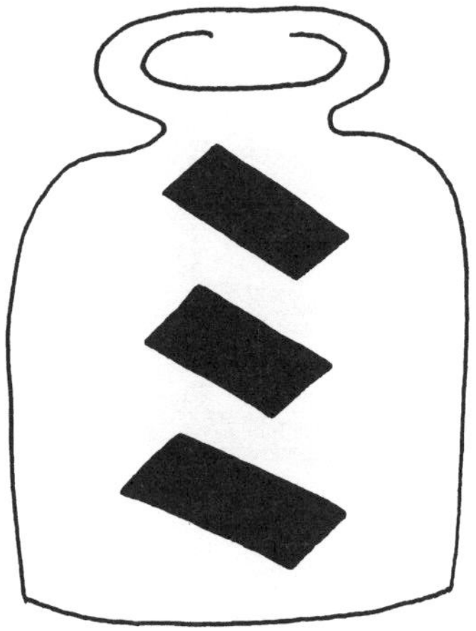

ME RO N メロン **MI** RU KU ミルク 切

YU RI	ユリ	MO PPU	モップ

ユ

モ

ヨ

ヤ

YO TTO	ヨット	YA DO KA RI	ヤドカリ

RU BI	ルビー	RA ME N	ラーメン

ル

ラ

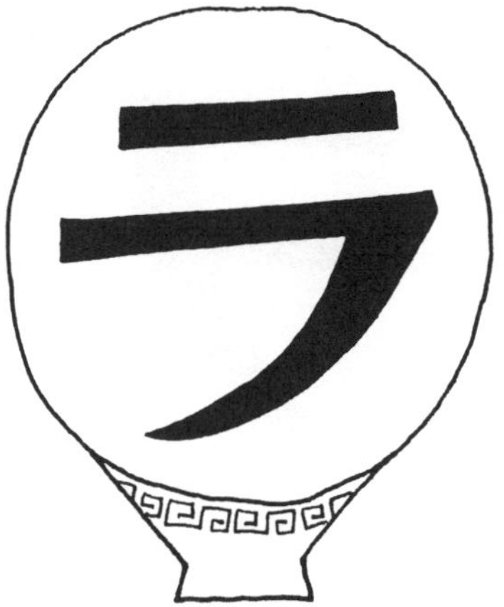

レ

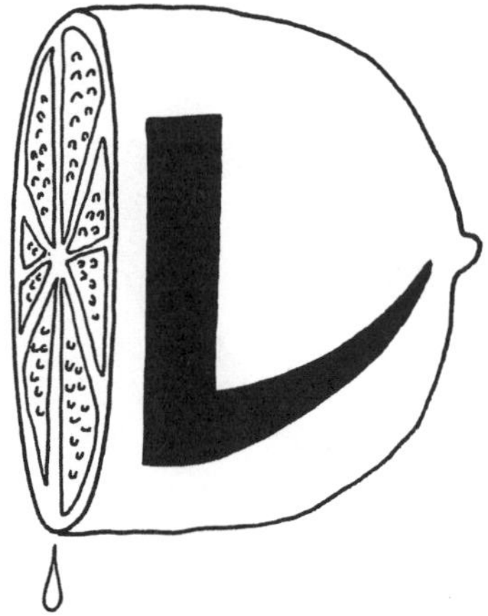

リ

RE MO N	レモン	RI SU	リース

O | ヲ | RO RU KE KI | ロールケーキ

ヲ

ロ

ン

ワ

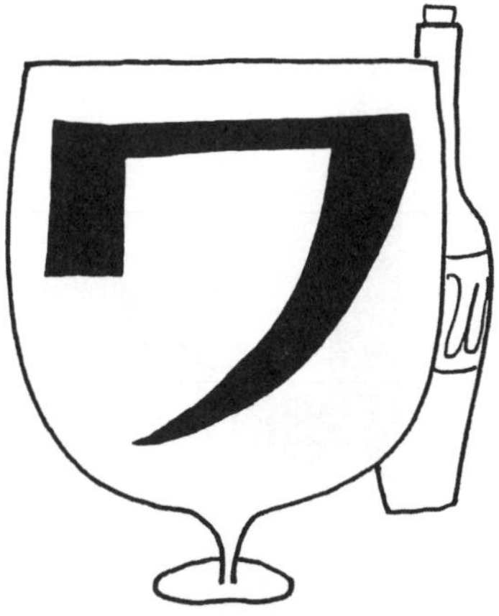

PA N | パン | WA I N | ワイン

単語カード

＊Ｂ４サイズに拡大してご活用ください。

せみ

とり

て

いちご

うさぎ

のり

かさ

あひる

すいか

へび

くるま

なす

こま

いぬ

はな

たこ

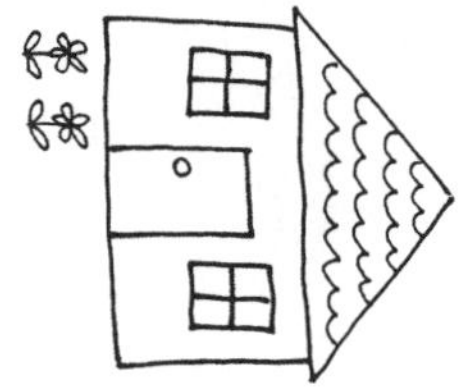

いえ

そら

もも

きつね

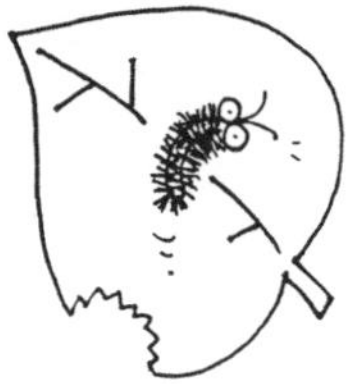

けむし

おに

ふね

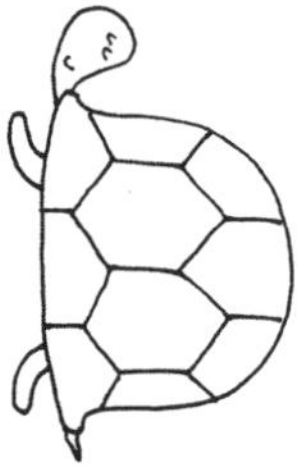

かめ

ほし

やま

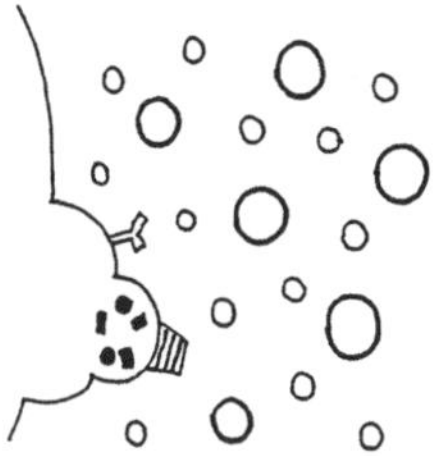

ゆき

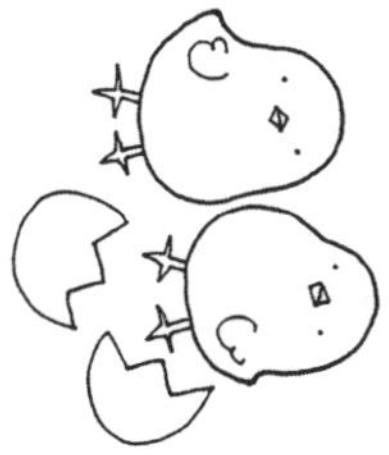

ひよこ

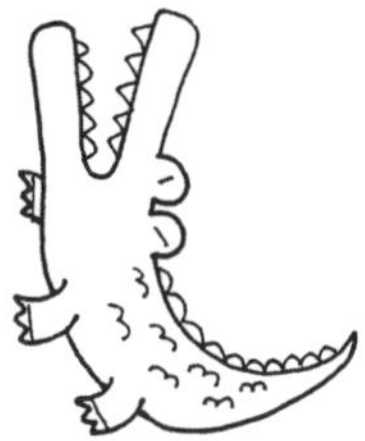

わに

ろば

ほんをよむ

れもん

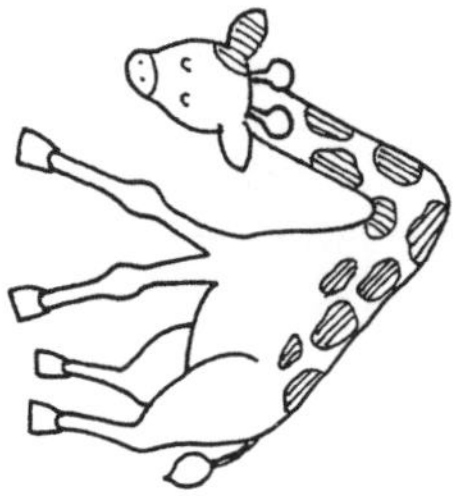

キリン

コアラ

オカピ

リス

カエル

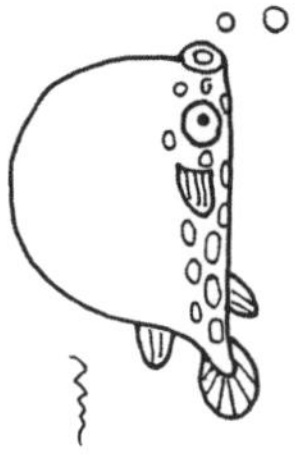

フグ

カニ

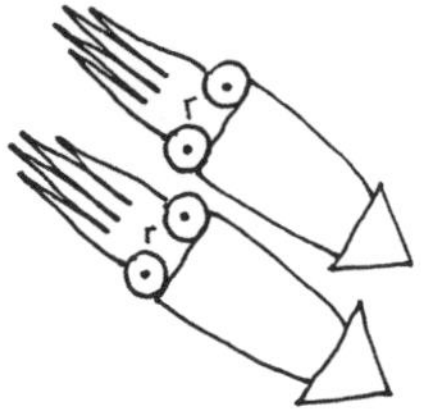

イカ

サル

バナナ

ケーキ

シカ

チーズ

キノコ

ソース

オセロ

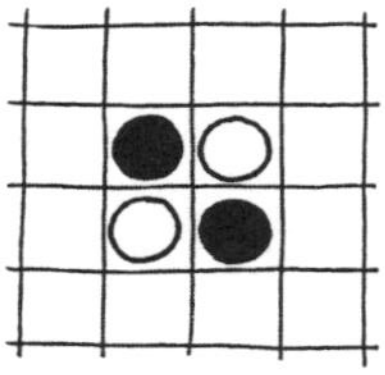

ヘチマ

ウマ

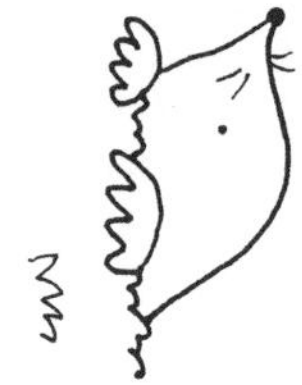

モグラ

タヌキ

ヒツジ

ヤギ

ユリ

ホタル

ワシ

スズメ

オウム

ハト

クマ

ネズミ

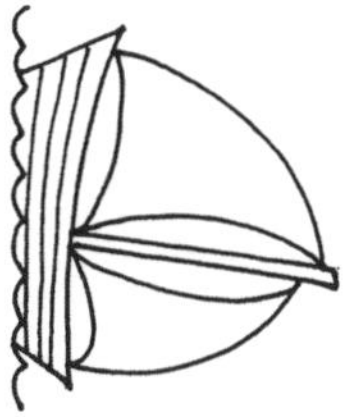

ヨット

テレビ

短文カード

＊Ｂ４サイズに拡大してご活用ください。

A1

いぬが　ほえる

A2

ねこが　なく

A3

たろうが　わらう

A4

はなこが　おどる

さるが
たべる
バナナを
たべる

B1

うさぎが
たべる
にんじんを
たべる

B2

たろうが
ごはんを
たべる

B3

はなこが
きゅうしょくを
たべる

B4

さるが
のぼる
きに
のぼる

C1

たろうが
すわる
いすに
すわる

C2

はなこが
ノートに
かく

C3

たろうが
おふろに
はいる

C4

ねこの
みみ

D1

ねずみの
みみ

D2

うさぎの
みみ

D3

おとうさんの
ぼうしを
かぶりました

D4

いぬと
ねこ

E1

えんぴつと
けしゴム

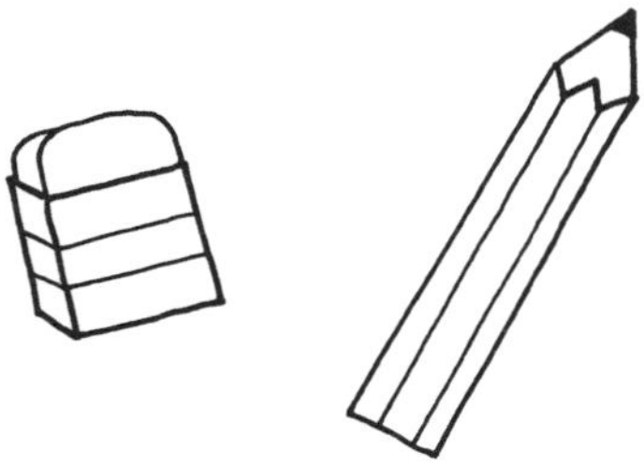

E2

たろうが
なく
はなこも
なく

E3

りんごが
すきです
いちごも
すきです

E4

あかちゃんは
かわいいです

F1

おかあさんは
やさしいです

F2

ありは
ちいさいです

F3

ぞうは
おおきいです

F4

あかい
はなが
さきました

G1

きいろい
はなが
さきました

G2

ぼくは
たのしい
ほんを
よみました

G3

わたしは
かなしい
ほんを
よみました

G4

おとうさんは
とこやへ
いきました

H1

おかあさんは
スーパーへ
いきました

H2

みんなで
ゆうえんちへ
いきました

H3

みんなで
いえへ
かえりました

H4

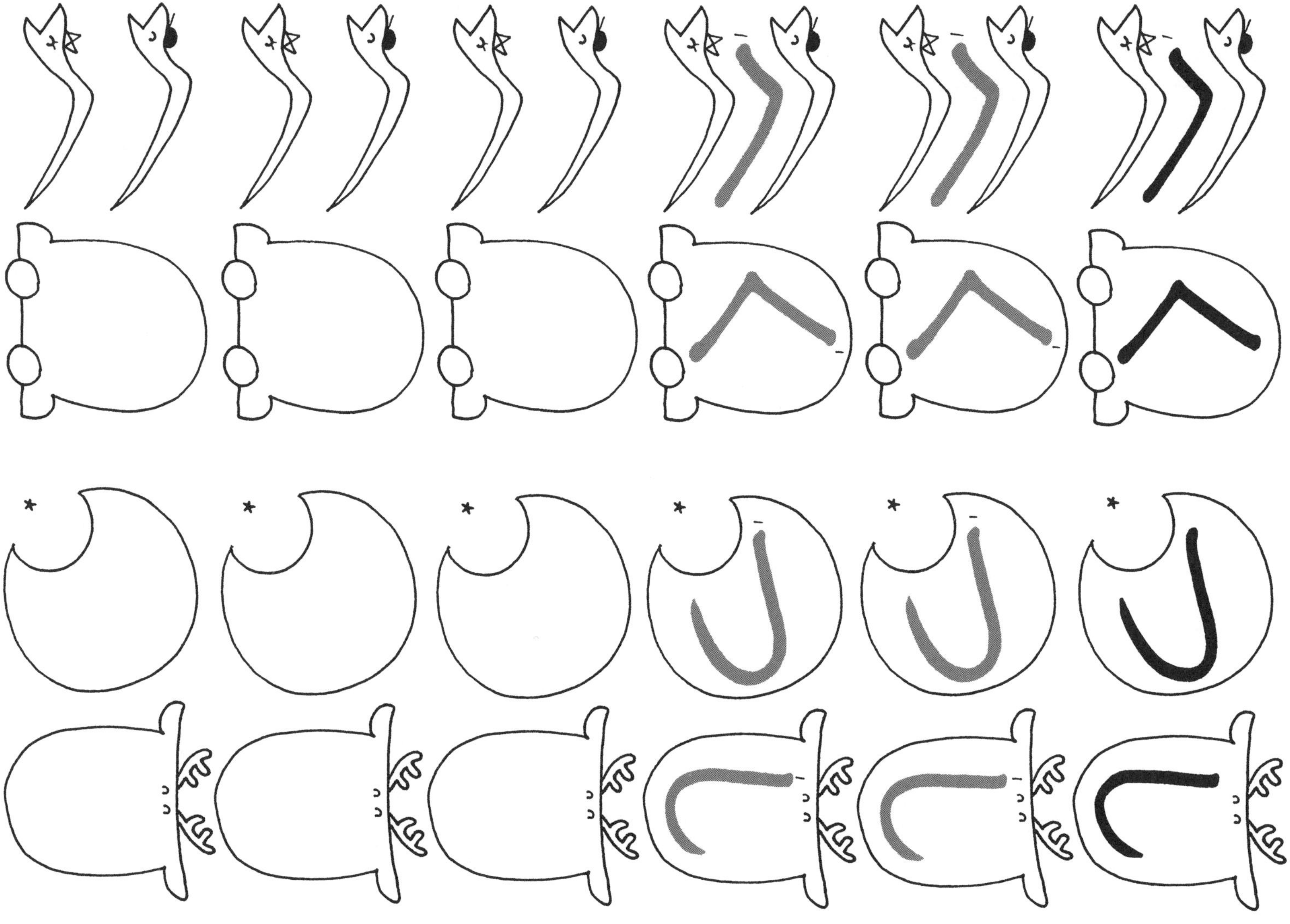

＊一筆で書ける　曲がる形が似たもの

＊二線の長さや幅の違いに注意

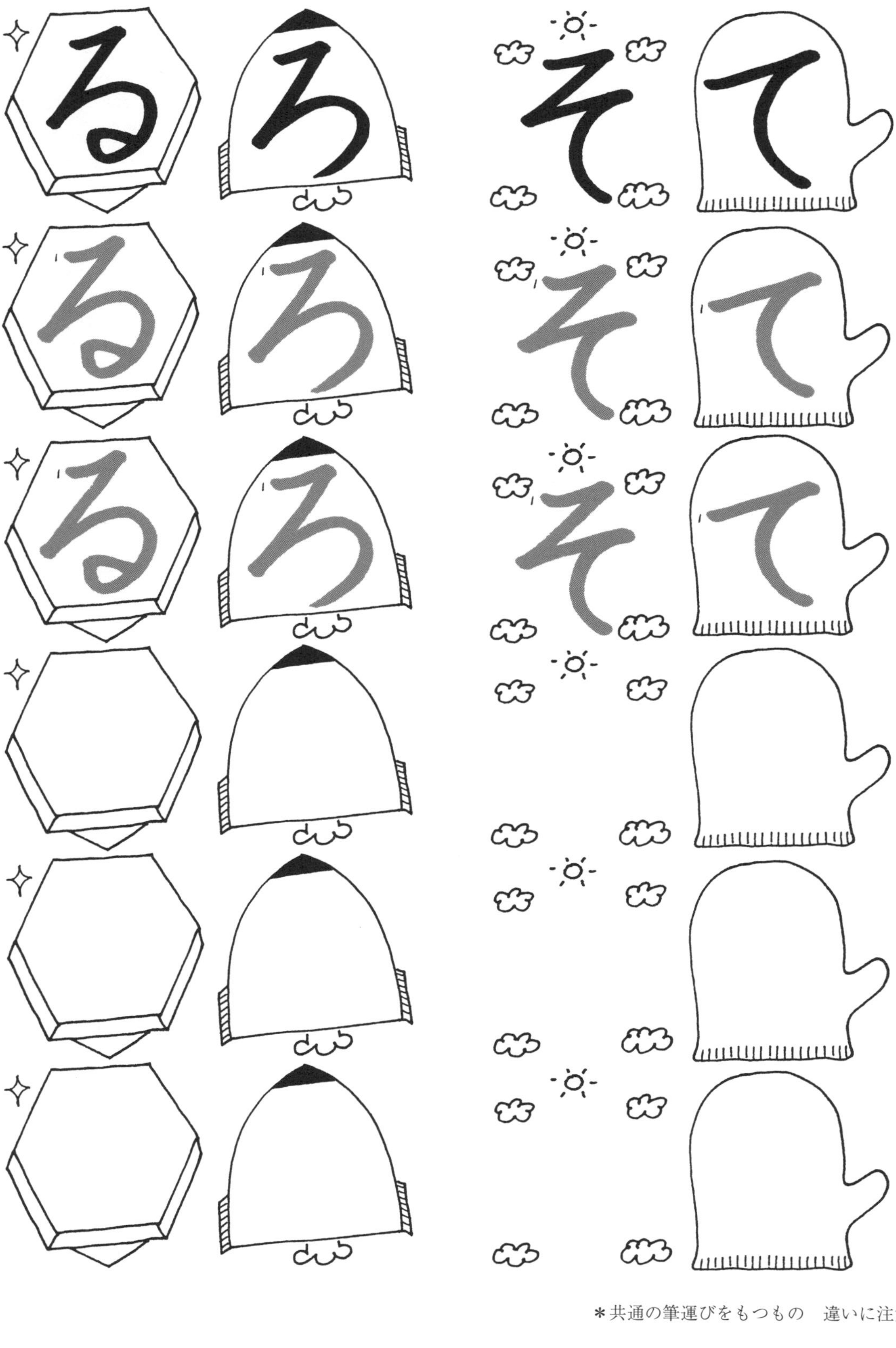

＊共通の筆運びをもつもの　違いに注意

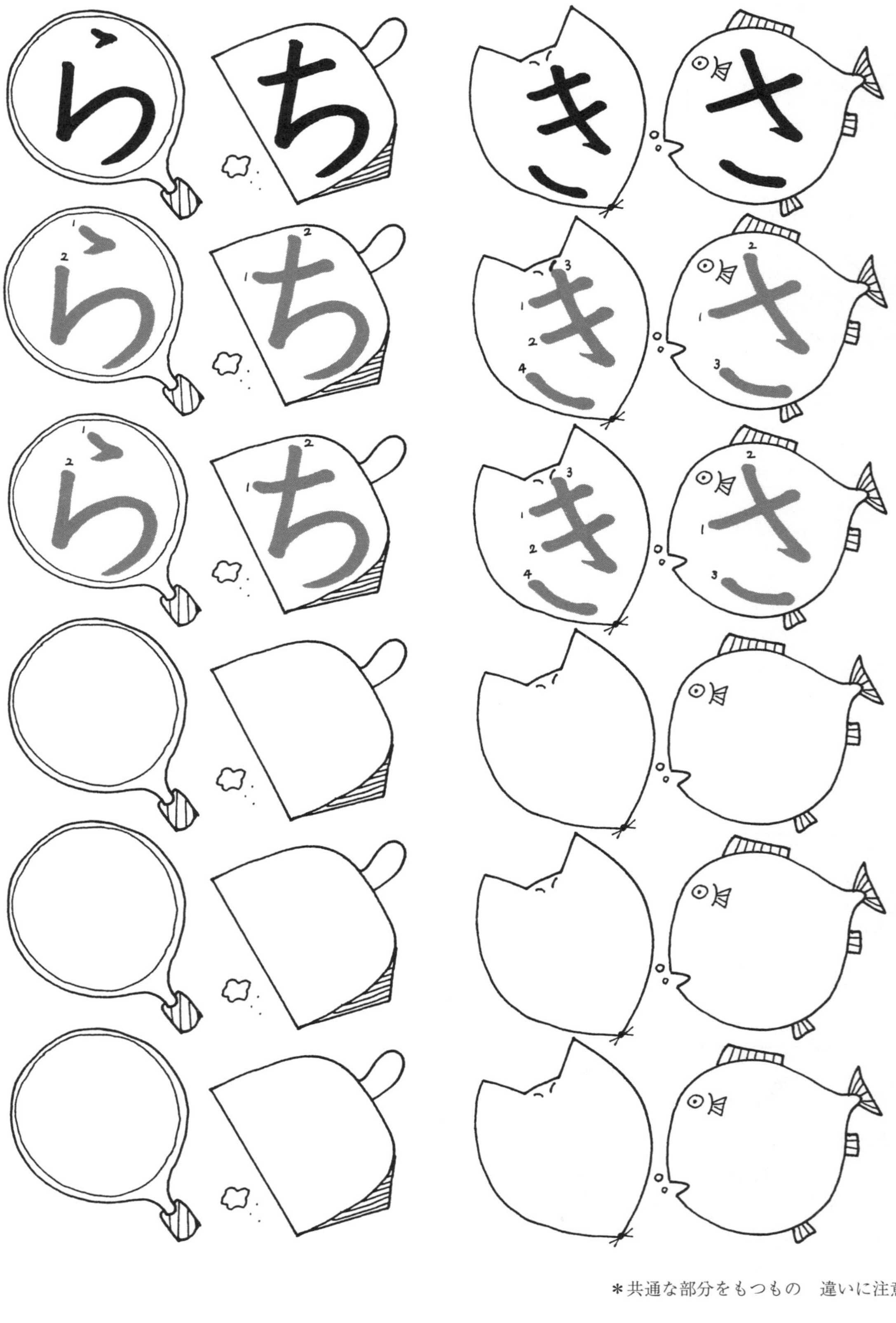

＊共通な部分をもつもの　違いに注意

＊曲がりの違いや線画の方向に注意

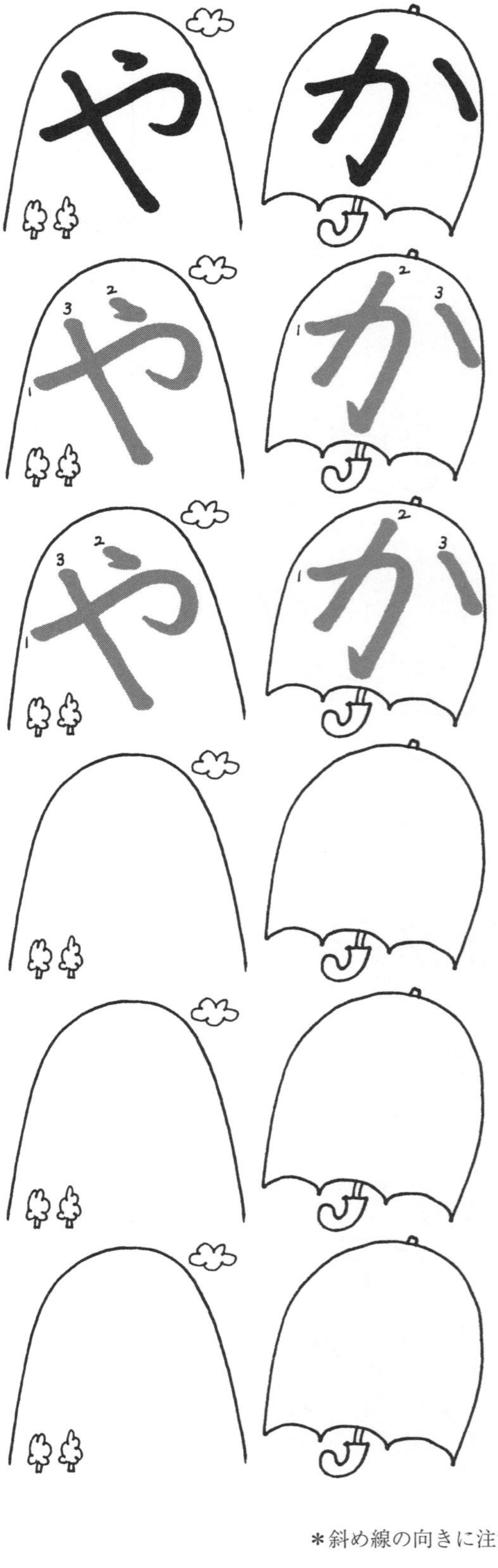

＊共通の部分をもつもの　違いに注意

＊斜め線の向きに注意

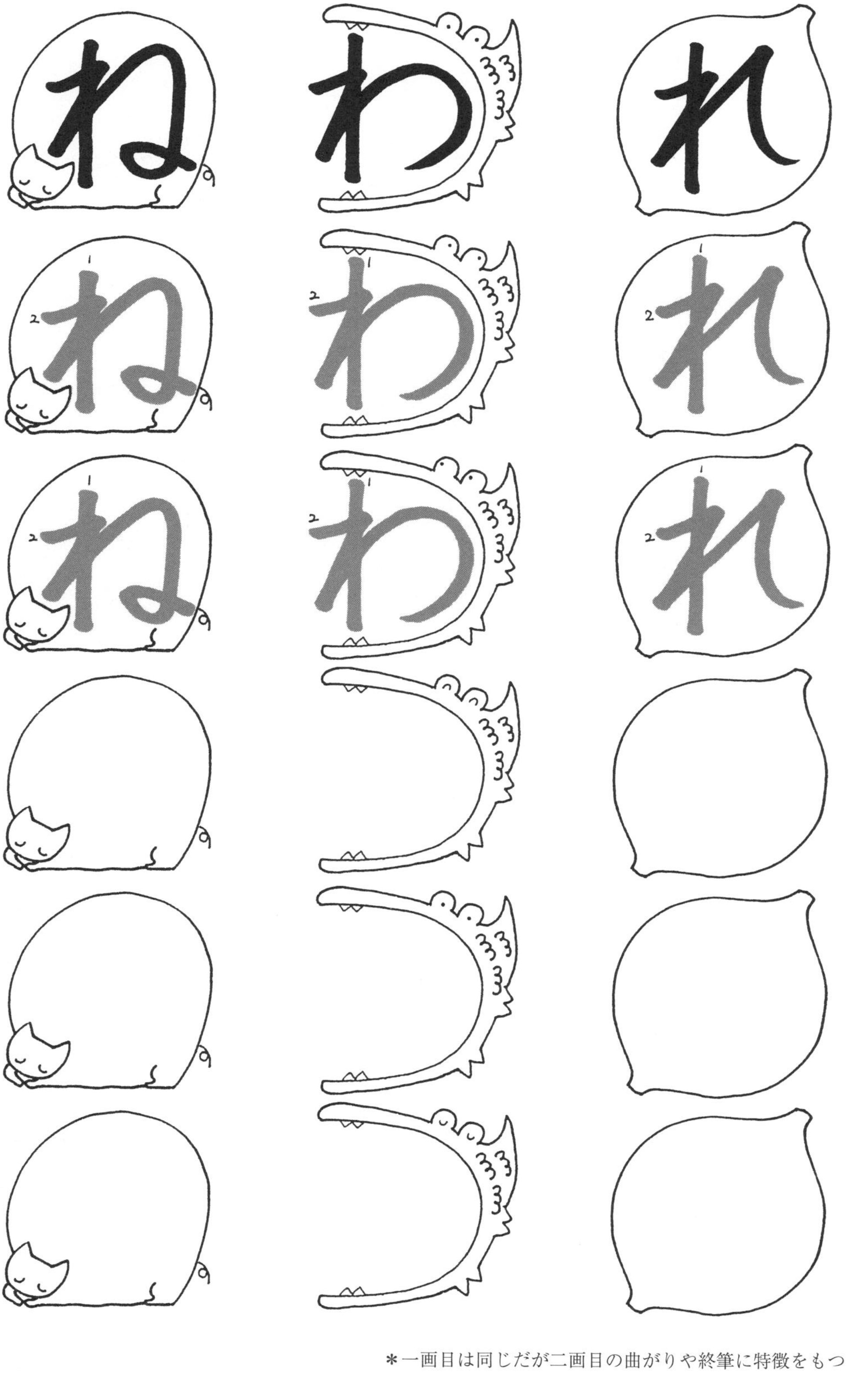

＊一画目は同じだが二画目の曲がりや終筆に特徴をもつもの

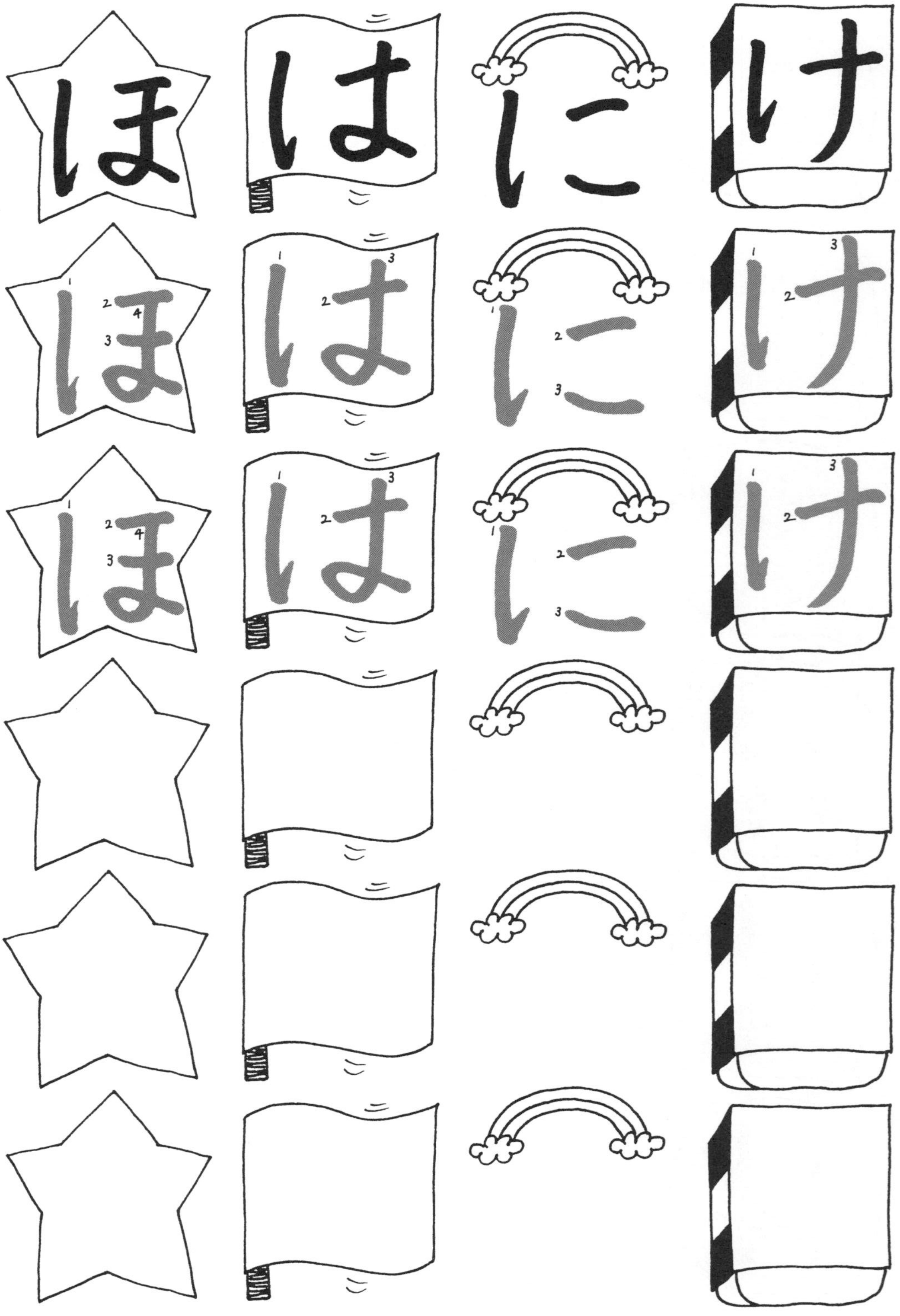

＊縦画から始まるもの　けの長さに注意

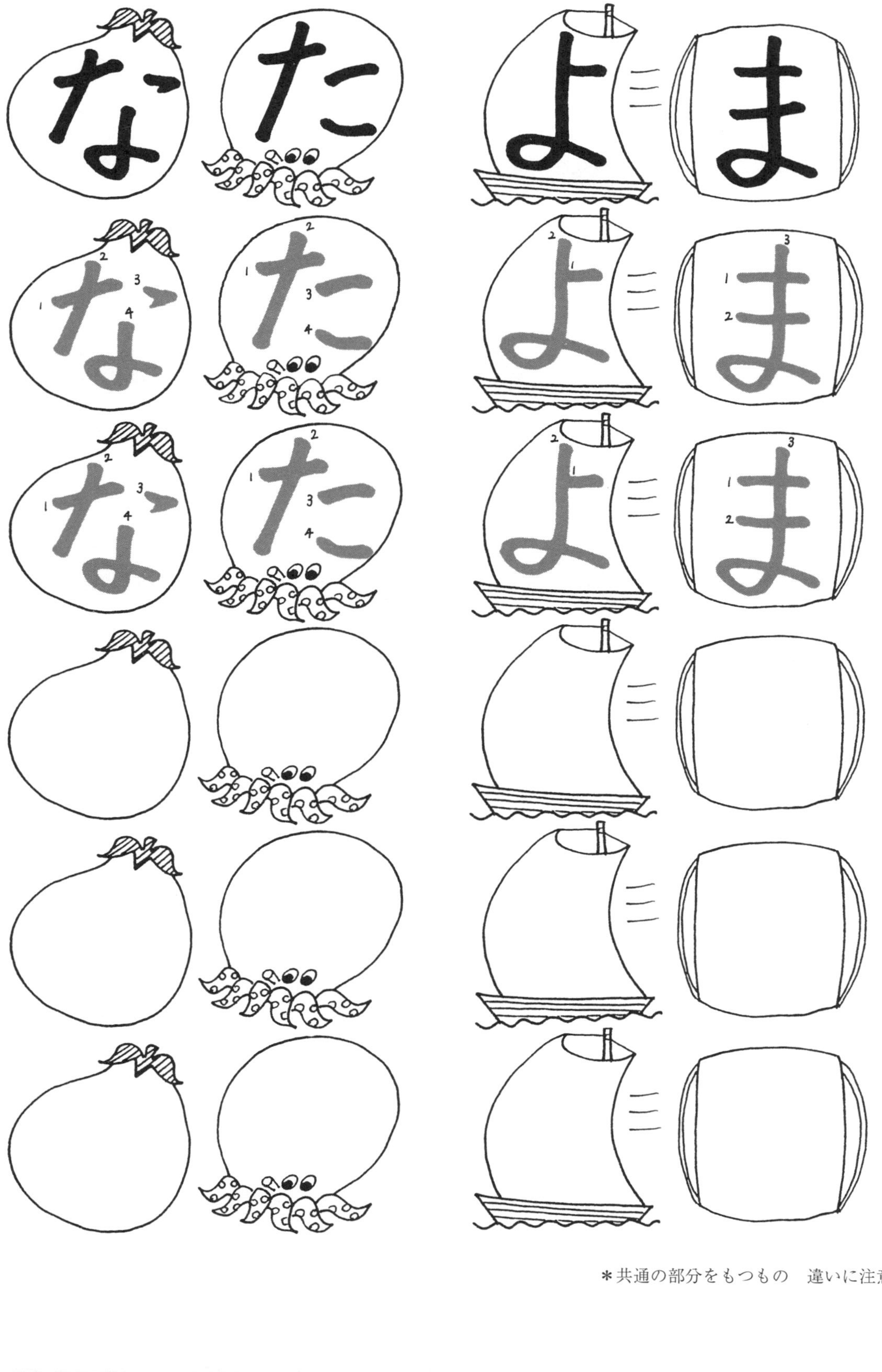

＊共通の部分をもつもの　違いに注意

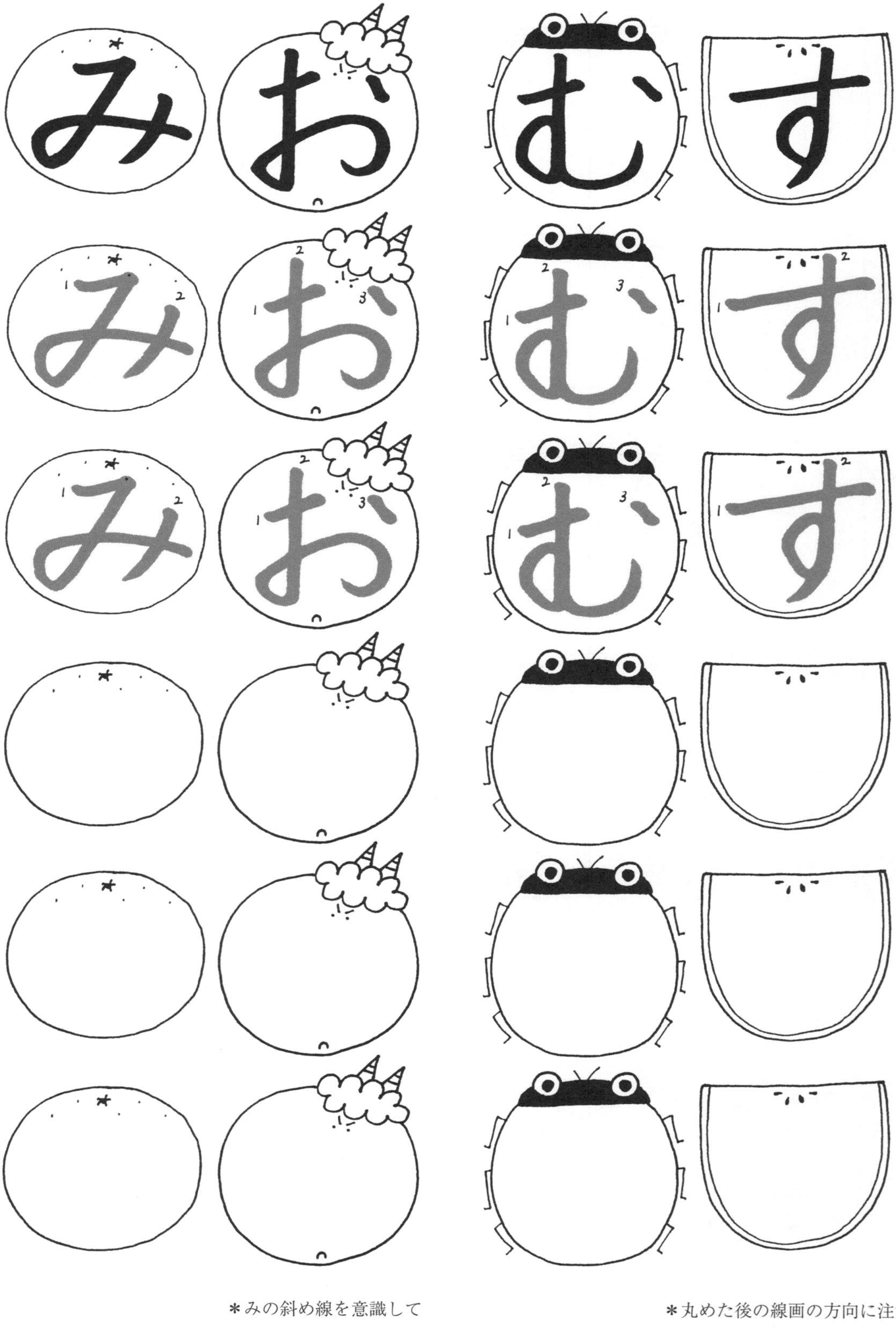

＊丸めた後の線画の方向に注意

＊みの斜め線を意識して

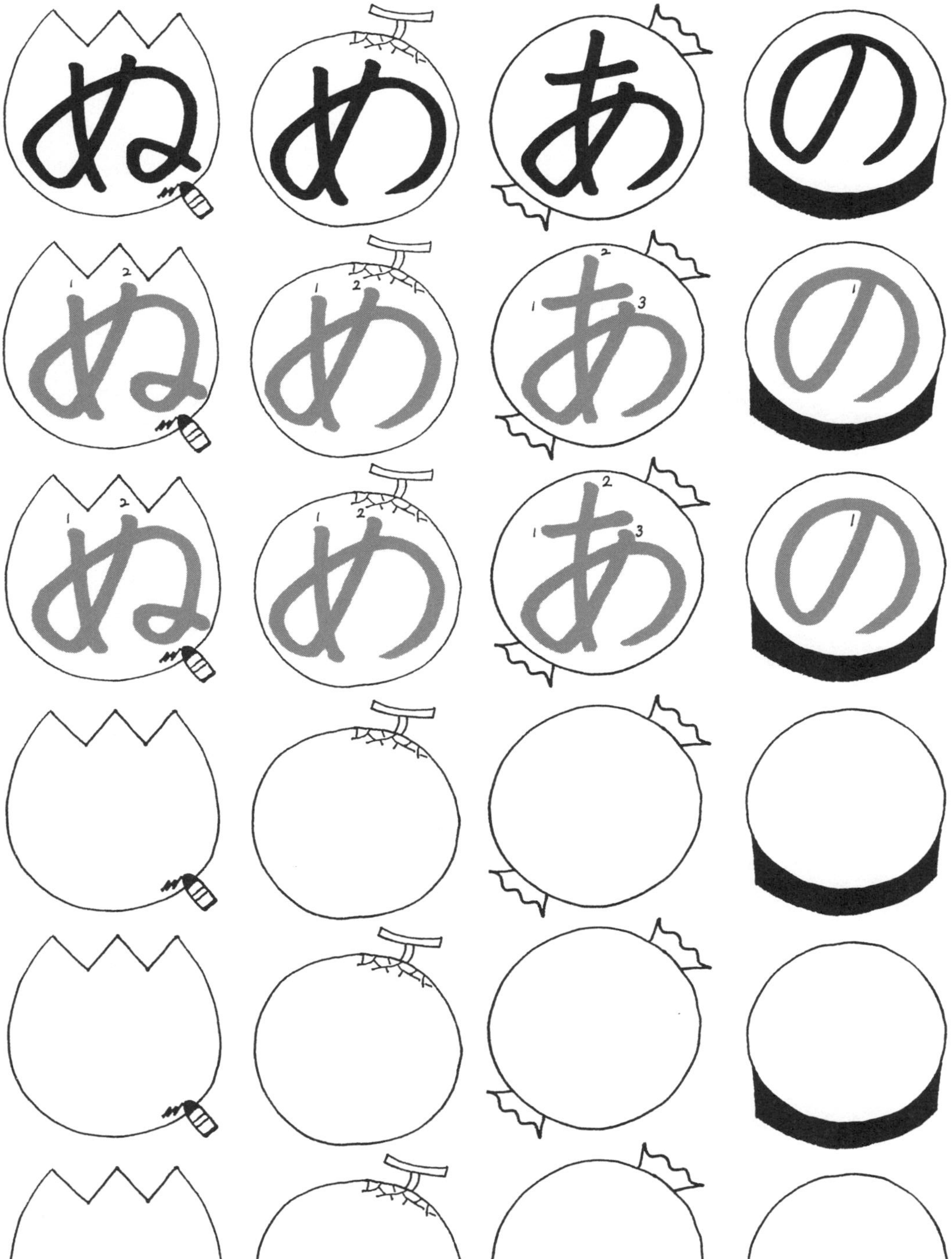

＊大きな曲線を描くように

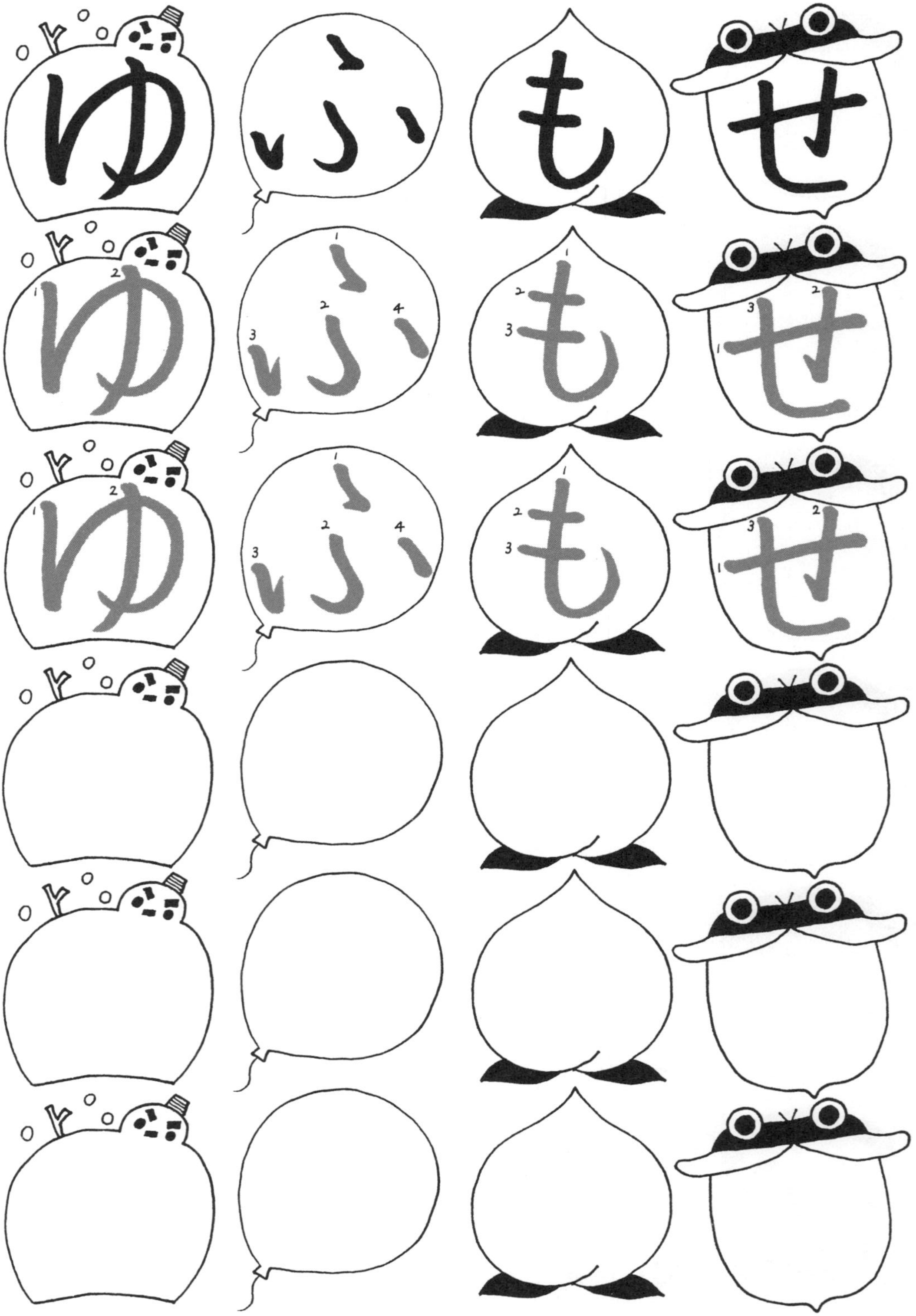

＊それぞれ個性的な形

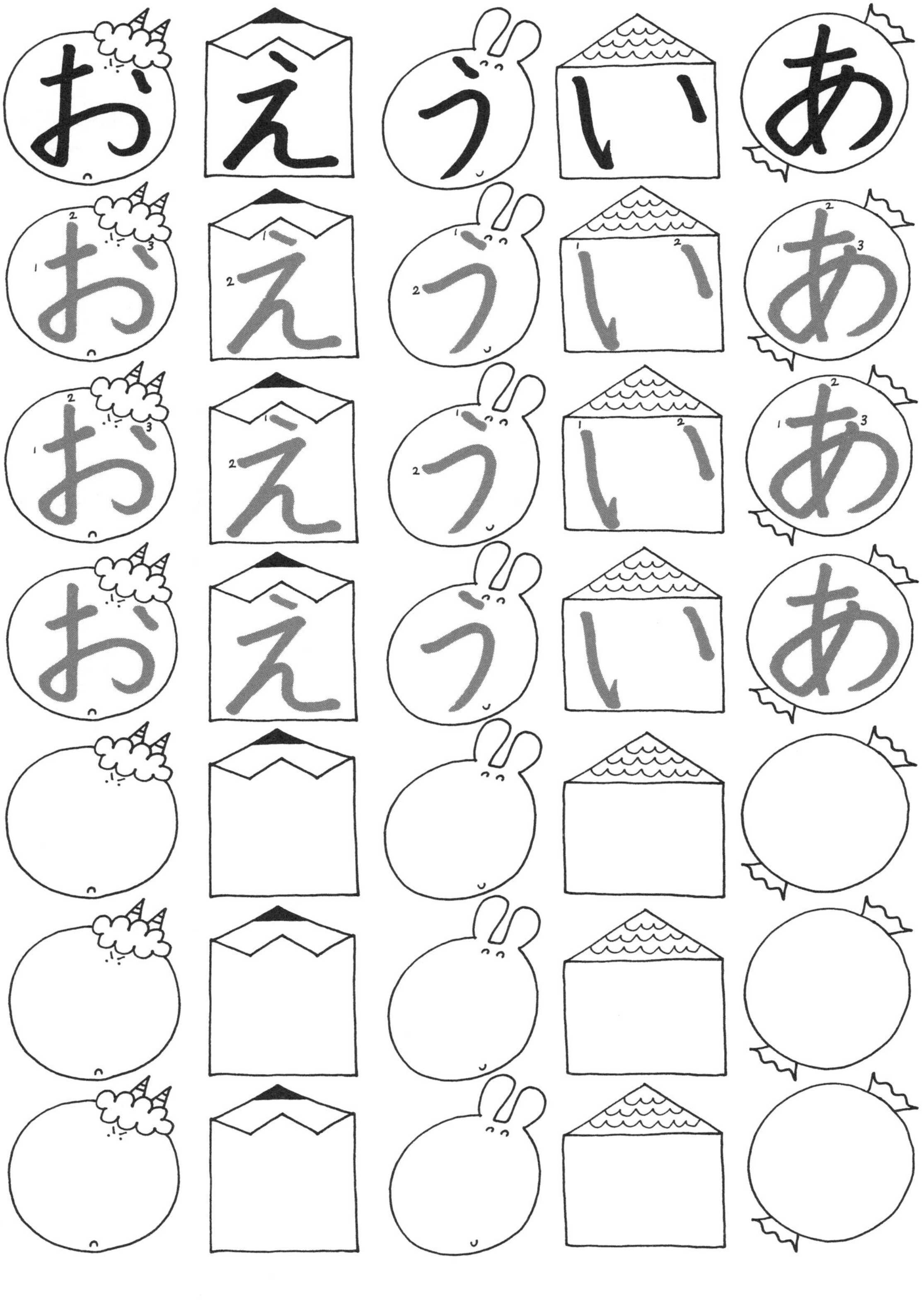
あ
い
う
え
お

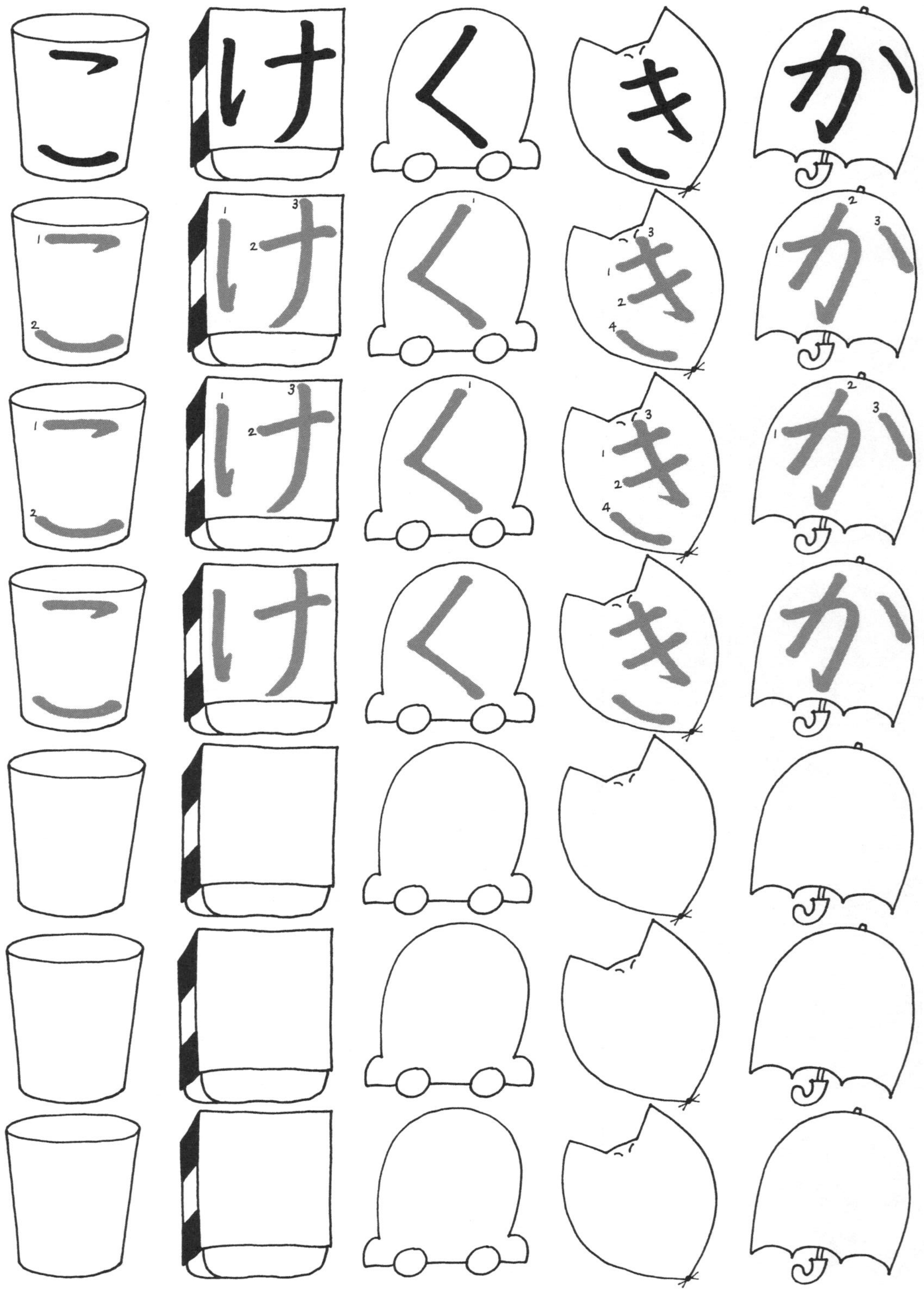
か
き
く
け
こ

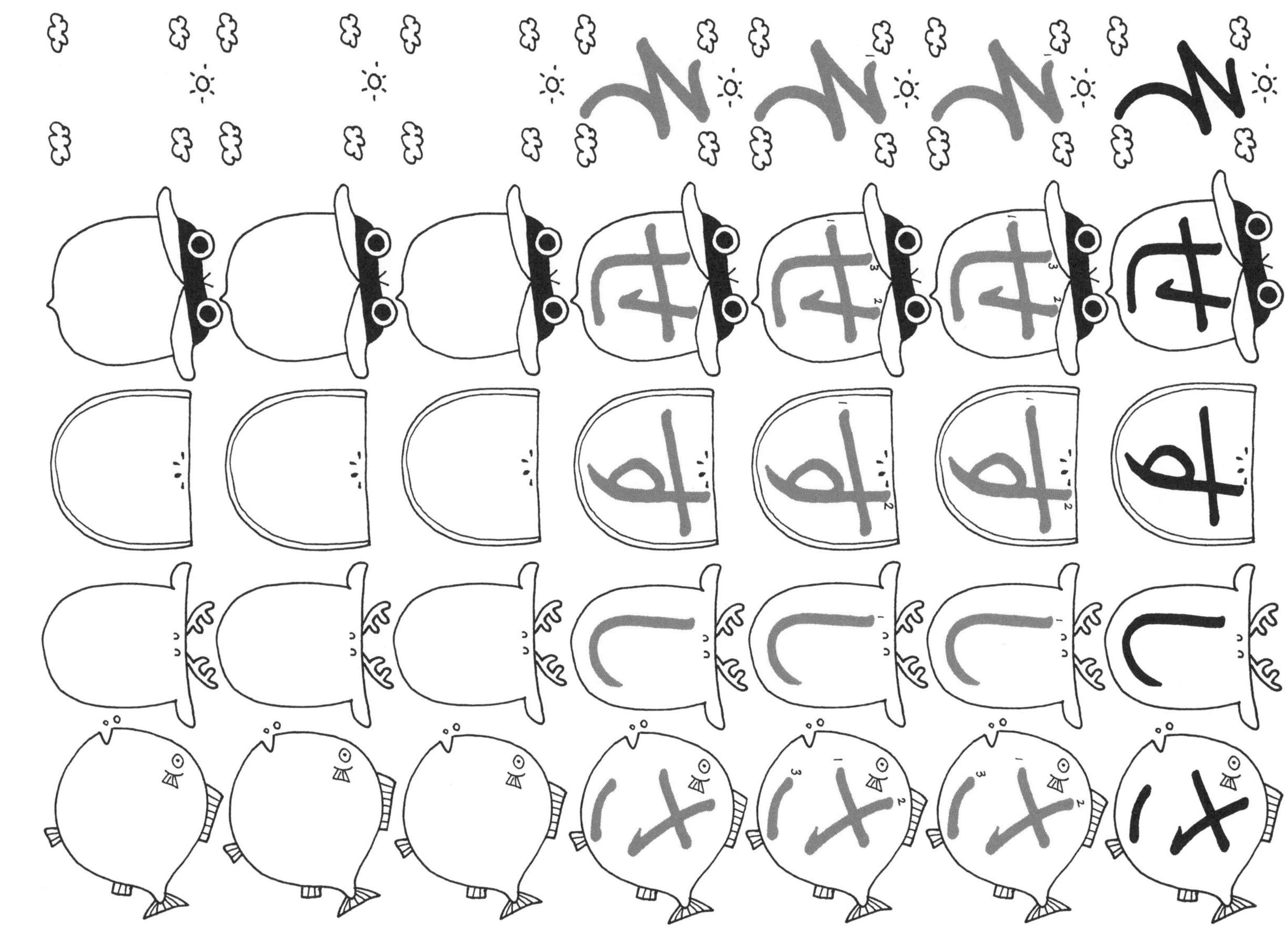
さ
し
す
せ
そ

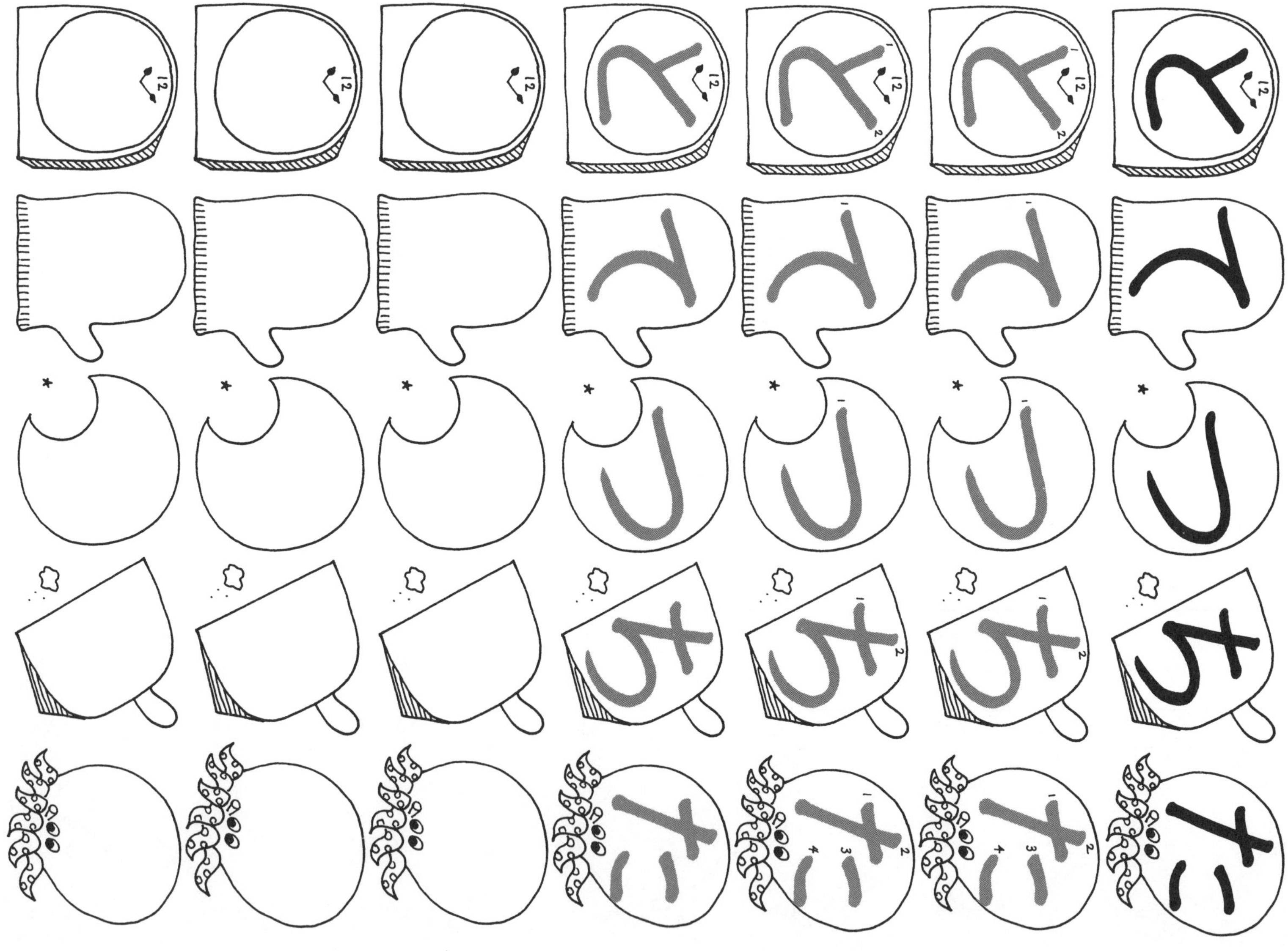
た
ち
つ
て
と

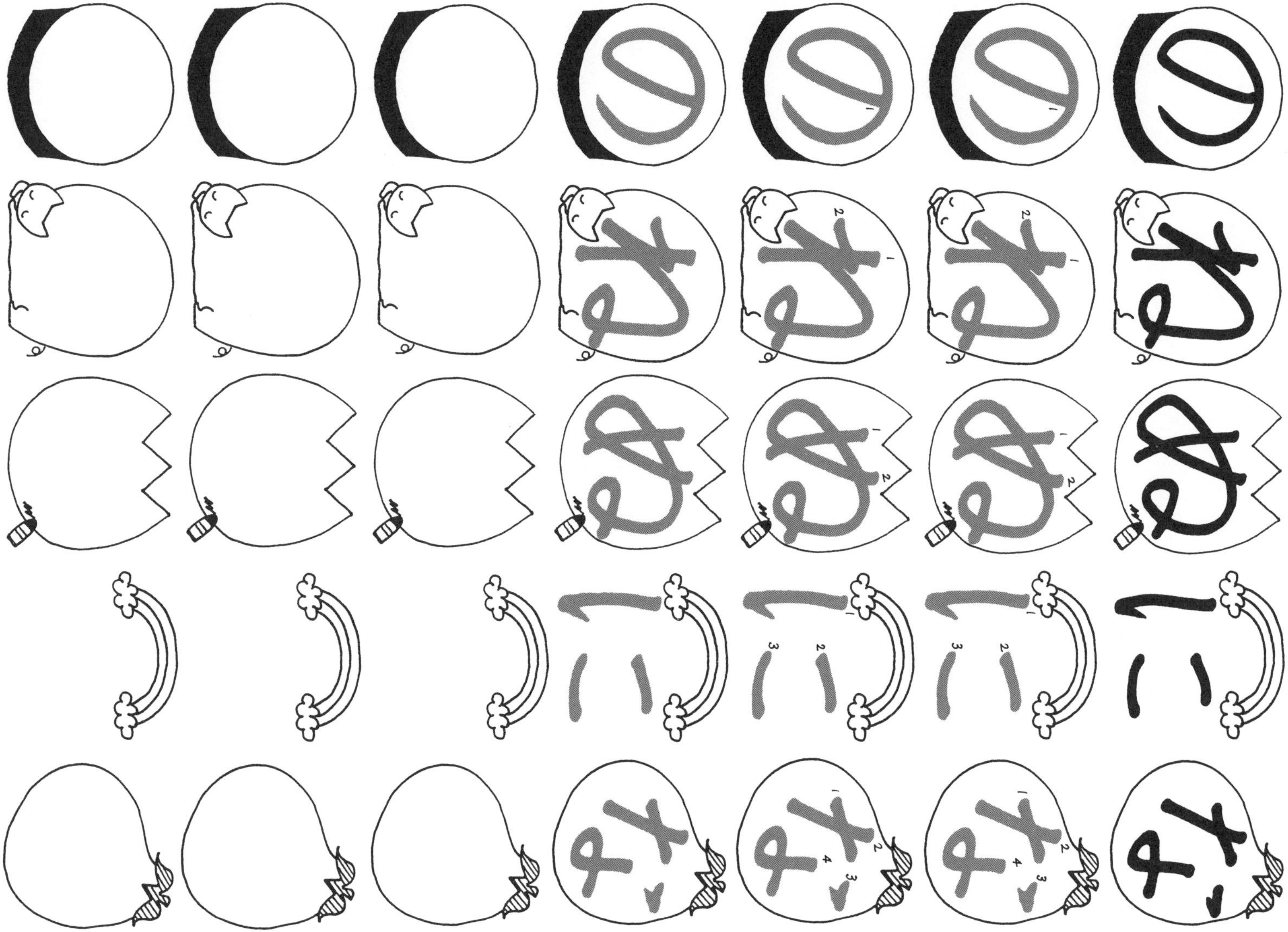
の
ね
ぬ
に
な

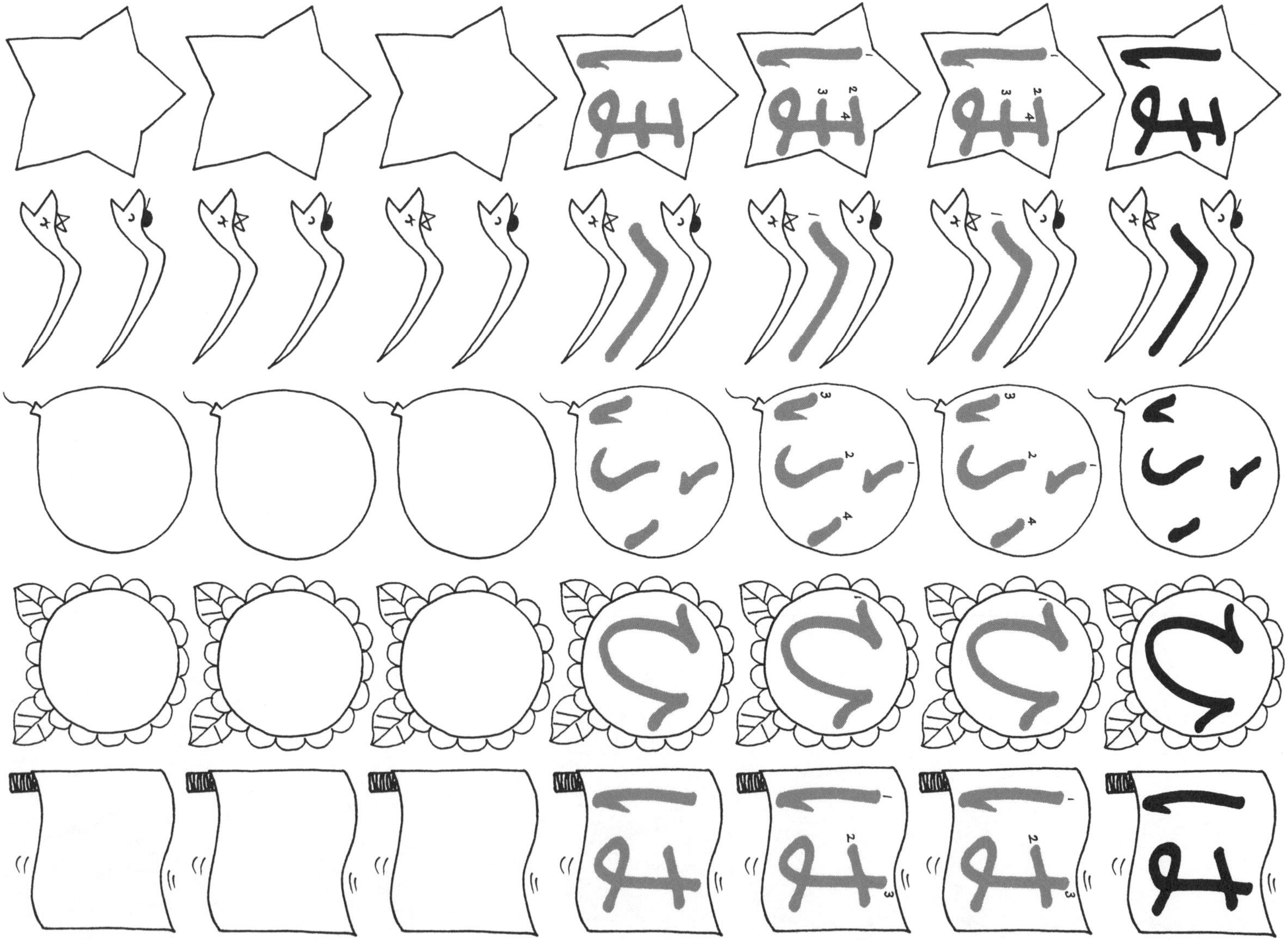
は
ひ
ふ
へ
ほ

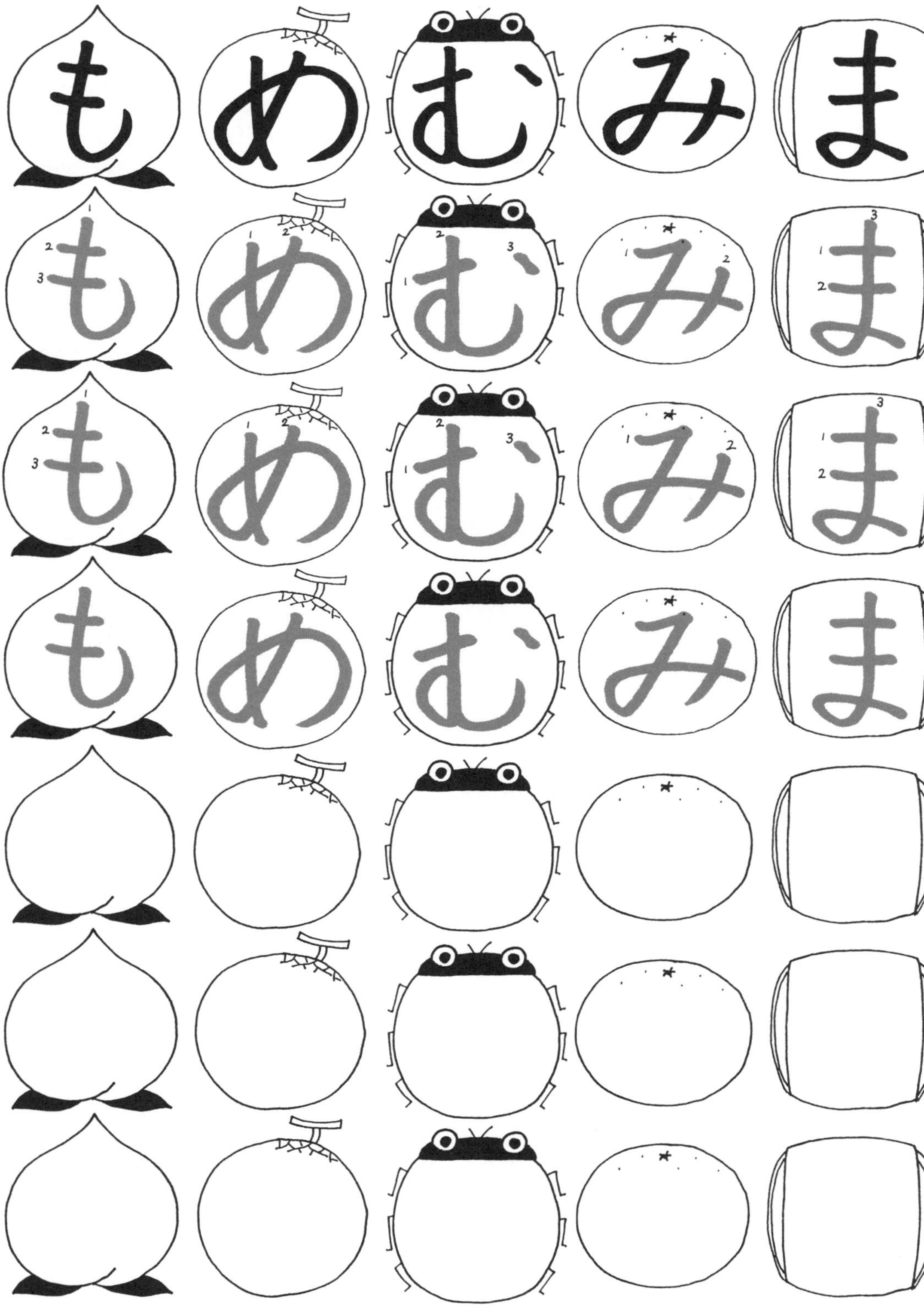
ま
み
む
め
も

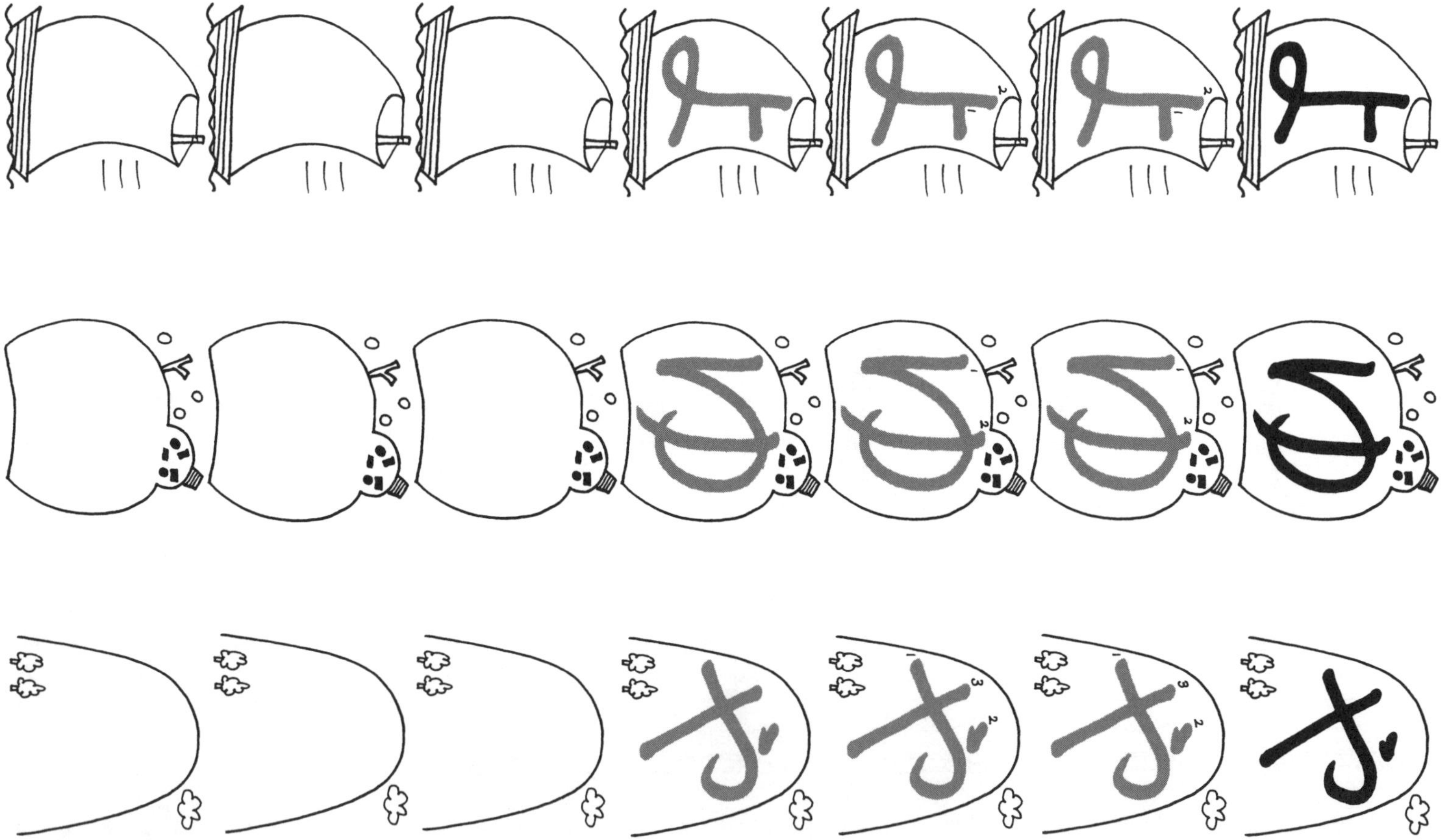

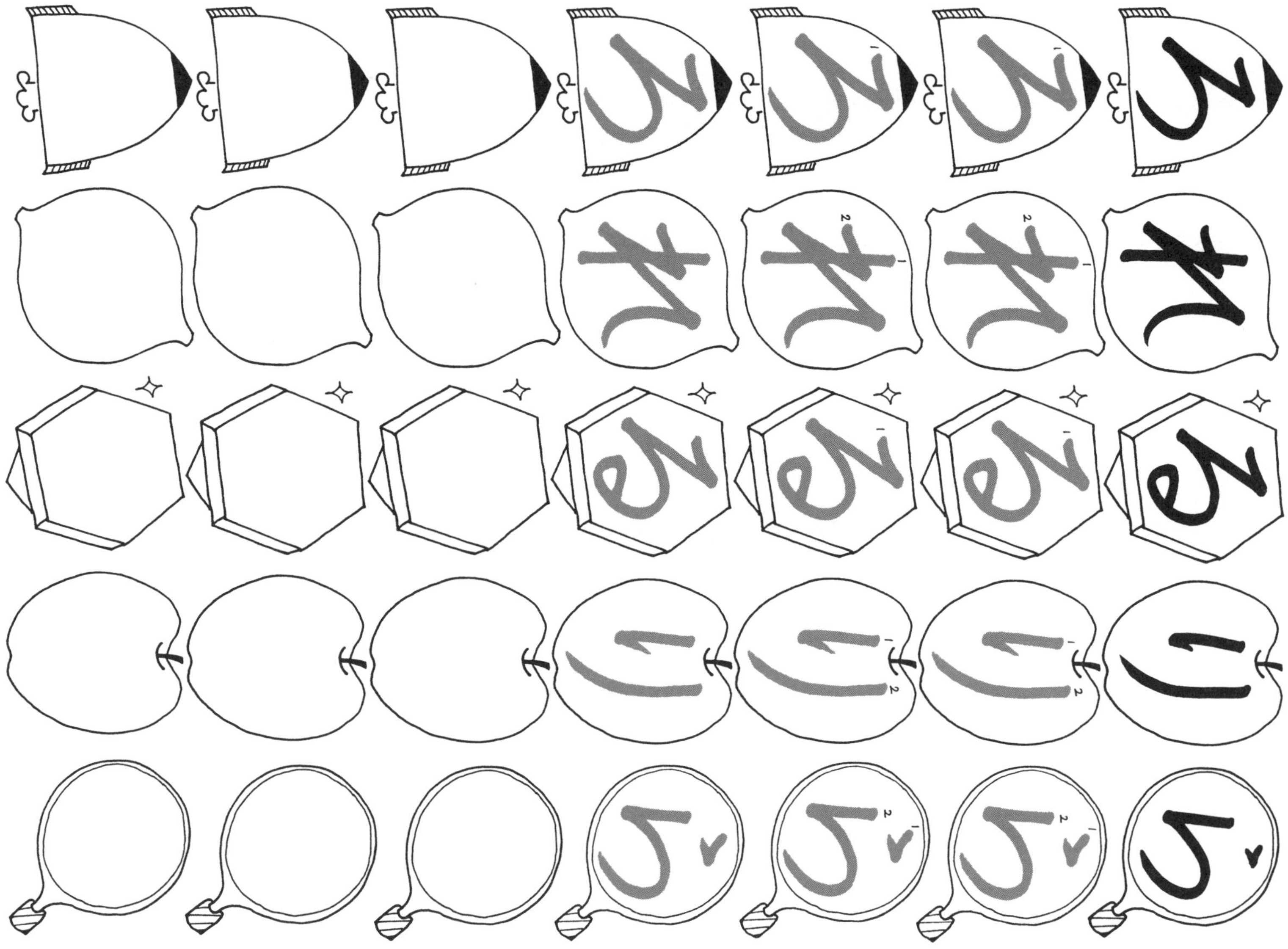
ら
り
る
れ
ろ

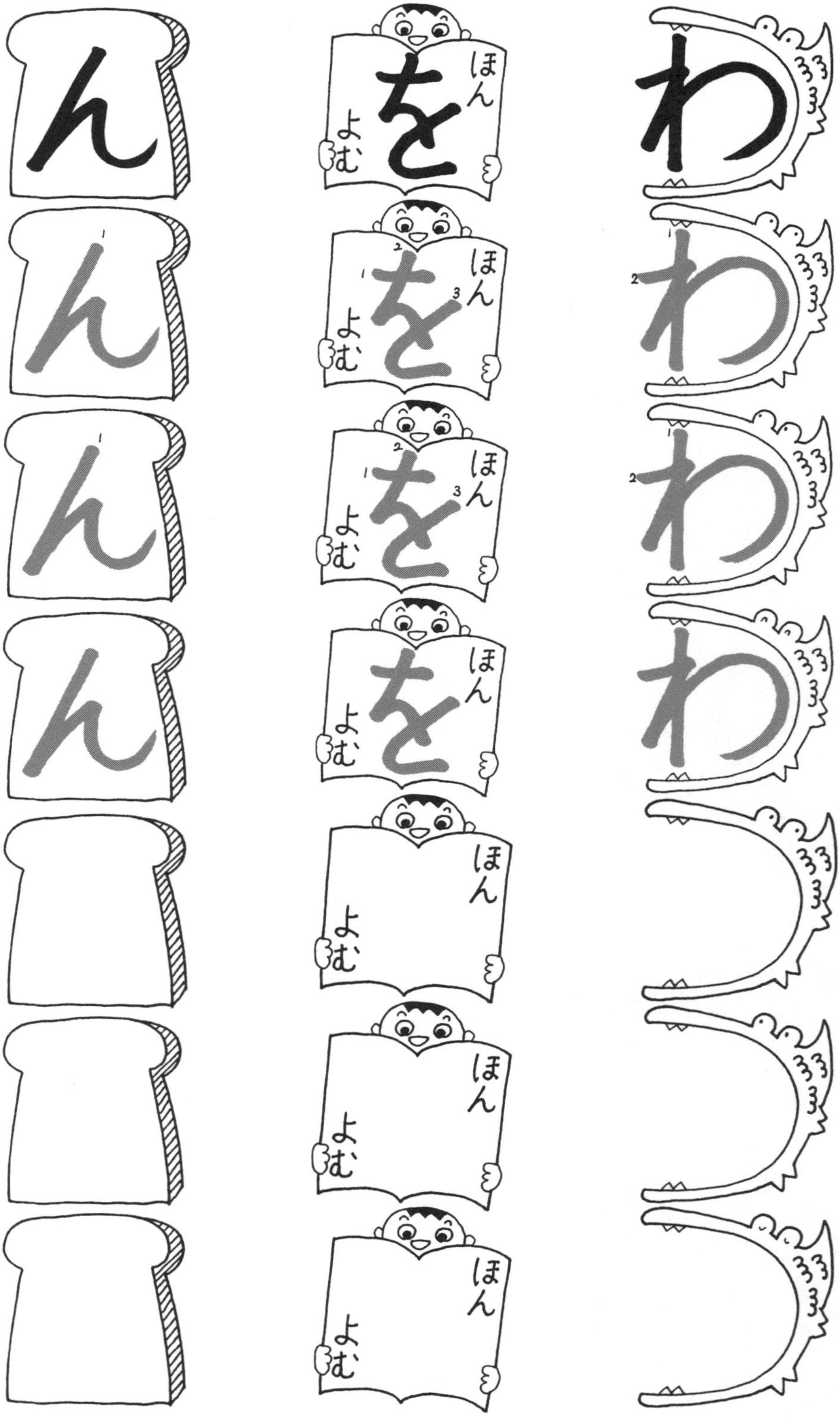
わ
ほん
を
よむ
ん

＊B4サイズに拡大してご活用ください。

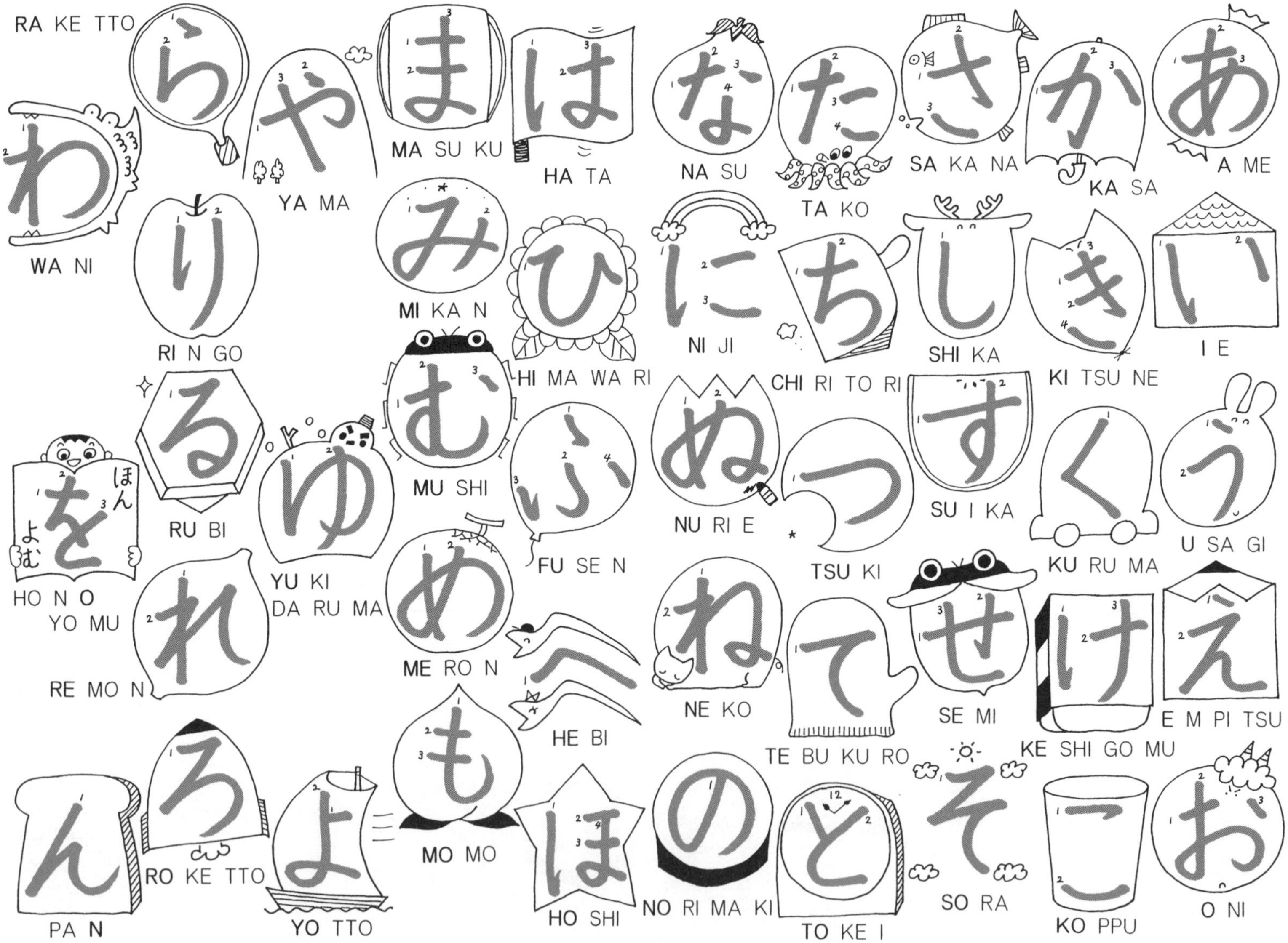
あ A ME
い I E
う U SA GI
え E M PI TSU
お O NI
か KA SA
き KI TSU NE
く KU RU MA
け KE SHI GO MU
こ KO PPU
さ SA KA NA
し SHI KA
す SU I KA
せ SE MI
そ SO RA
た TA KO
ち CHI RI TO RI
つ TSU KI
て TE BU KU RO
と TO KE I
な NA SU
に NI JI
ぬ NU RI E
ね NE KO
の NO RI MA KI
は HA TA
ひ HI MA WA RI
ふ FU SE N
へ HE BI
ほ HO SHI
ま MA SU KU
み MI KA N
む MU SHI
め ME RO N
も MO MO
や YA MA
ゆ YU KI DA RU MA
よ YO TTO
ら RA KE TTO
り RI N GO
る RU BI
れ RE MO N
ろ RO KE TTO
わ WA NI
を ほん よむ HO N O YO MU
ん PA N

あかさたなはまやらわ
いきしちにひみり
うくすつぬふむゆるを
えけせてねへめれ
おこそとのほもよろん
ほん
よむ

あ
A ME
い
I E
う
U SA GI
え
E M PI TSU
お
O NI
か
KA SA
き
KI TSU NE
く
KU RU MA
け
KE SHI GO MU
こ
KO PPU
さ
SA KA NA
し
SHI KA
す
SU I KA
せ
SE MI
そ
SO RA
た
TA KO
ち
CHI RI TO RI
つ
TSU KI
て
TE BU KU RO
と
TO KE I
な
NA SU
に
NI JI
ぬ
NU RI E
ね
NE KO
の
NO RI MA KI
は
HA TA
ひ
HI MA WA RI
ふ
FU SE N
へ
HE BI
ほ
HO SHI
ま
MA SU KU
み
MI KA N
む
MU SHI
め
ME RO N
も
MO MO
や
YA MA
ゆ
YU KI
DA RU MA
よ
YO TTO
ら
RA KE TTO
り
RI N GO
る
RU BI
れ
RE MO N
ろ
RO KE TTO
わ
WA NI
を
ほん
よむ
HO N O
YO MU
ん
PA N

06

＊Ｂ４サイズに拡大してご活用ください。

カタカナプリント

に　り　の　へ

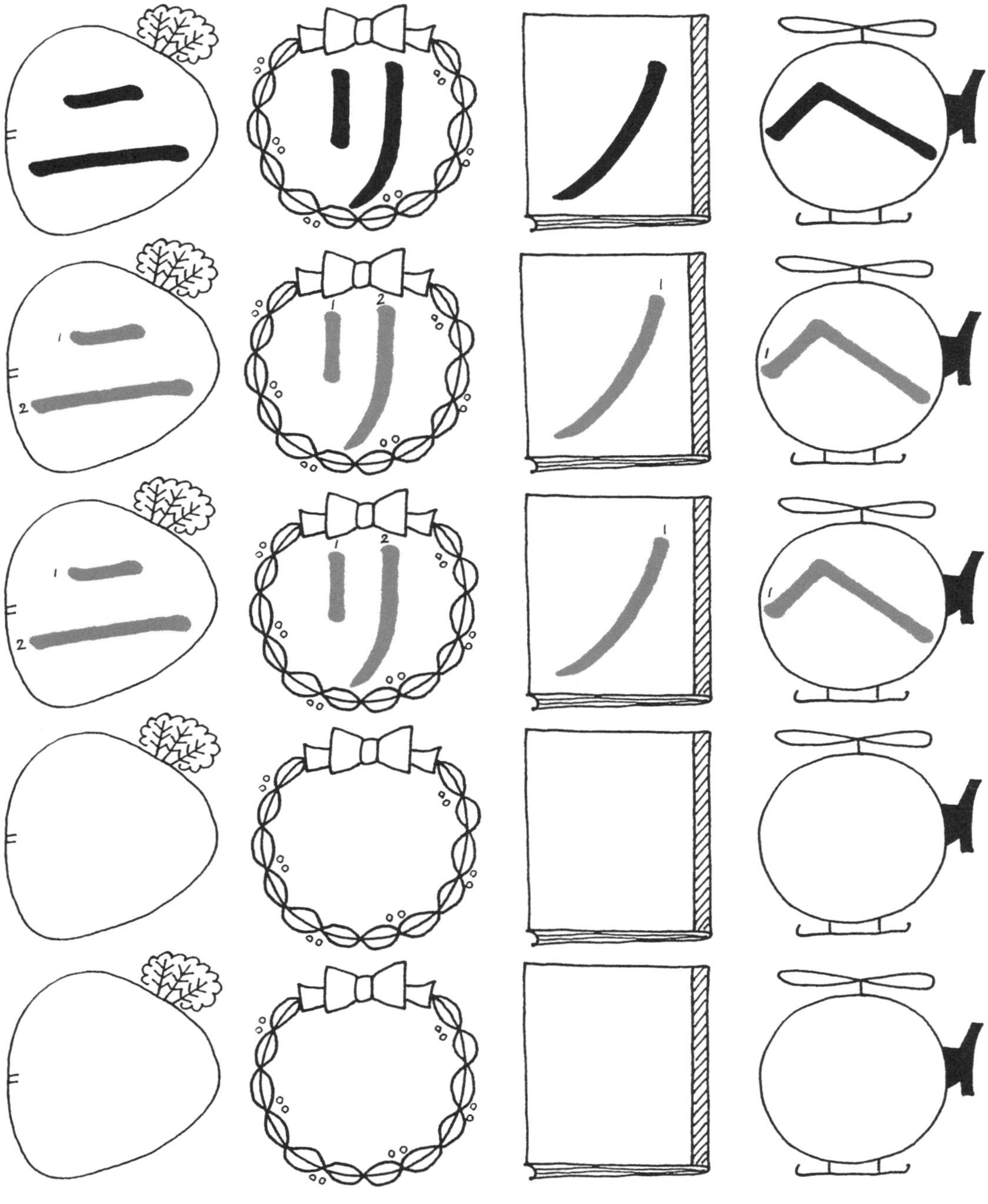

＊似たひらがなからイメージしやすいもの　違いに注意

もきやか

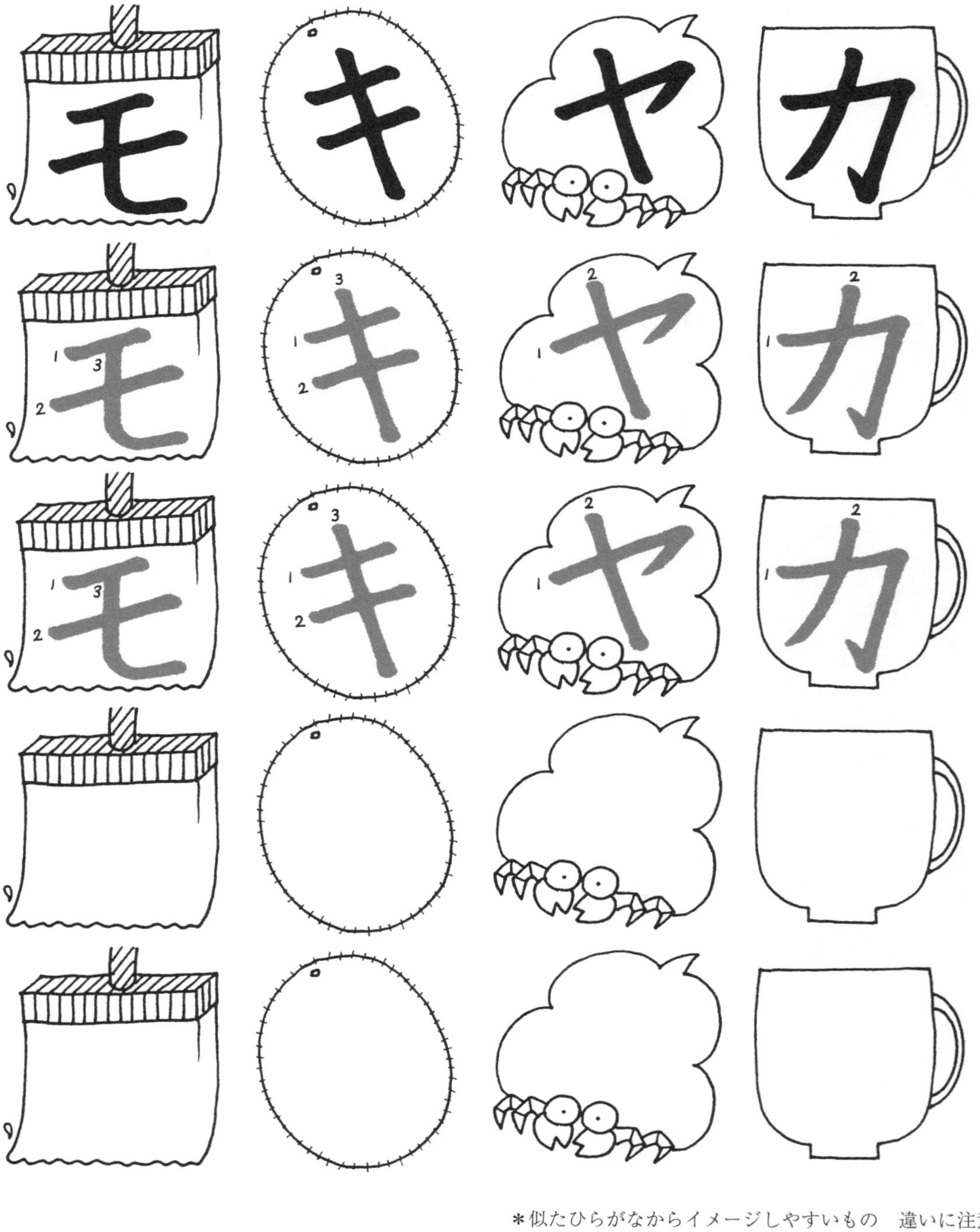

＊似たひらがなからイメージしやすいもの　違いに注意

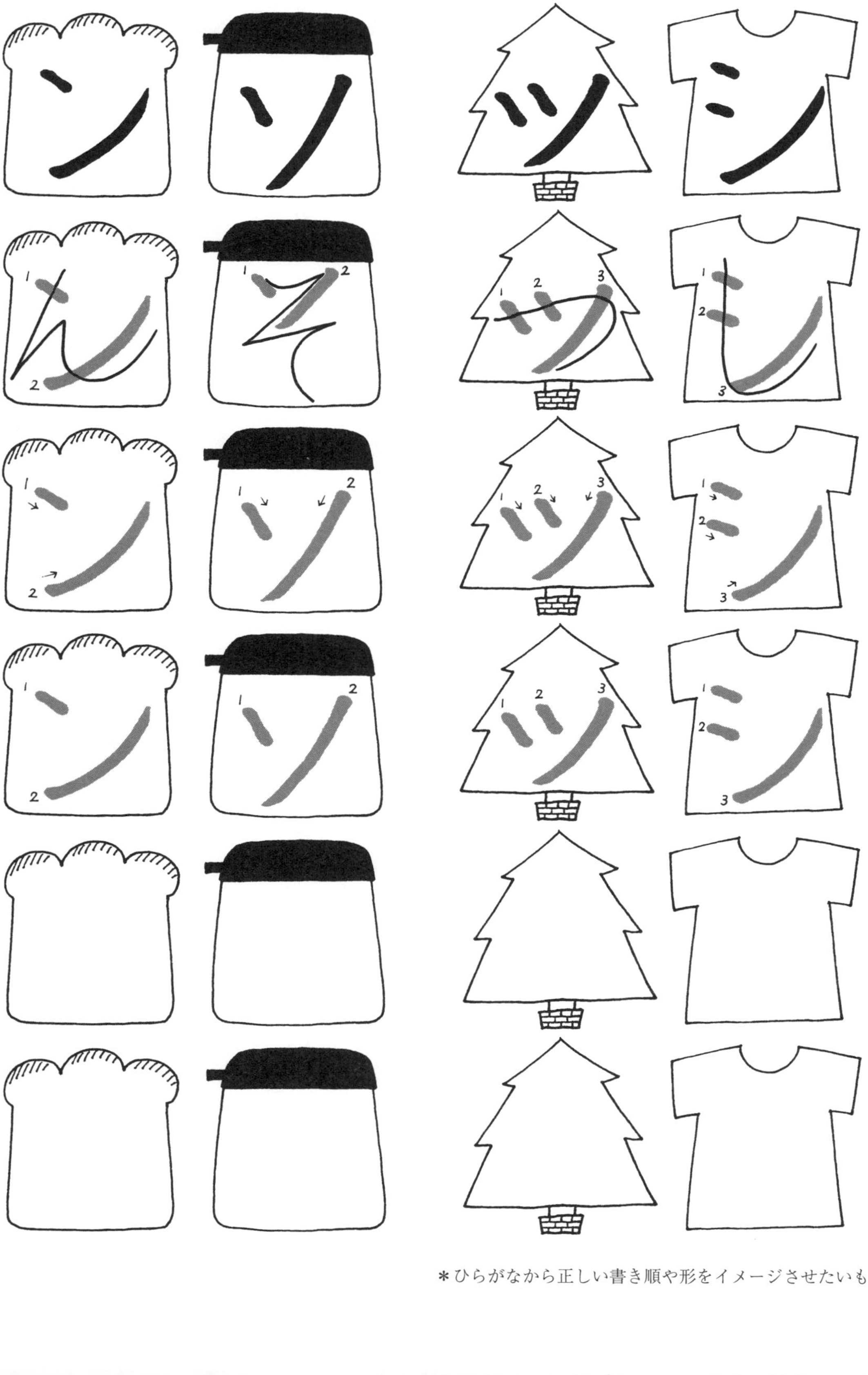

＊ひらがなから正しい書き順や形をイメージさせたいもの

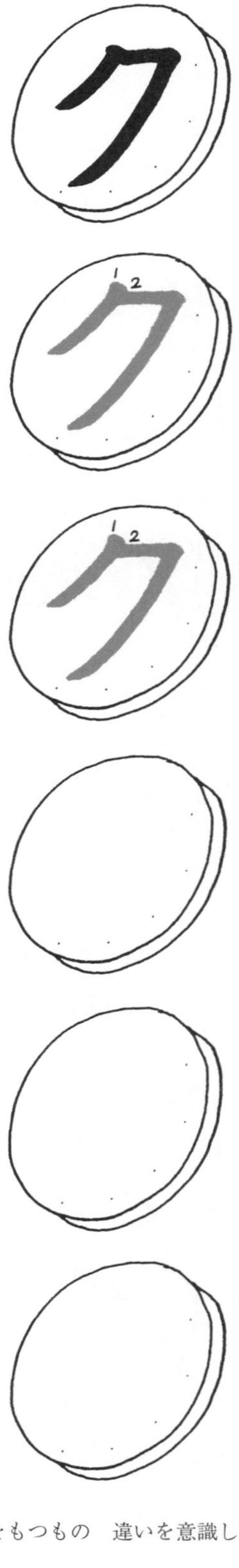

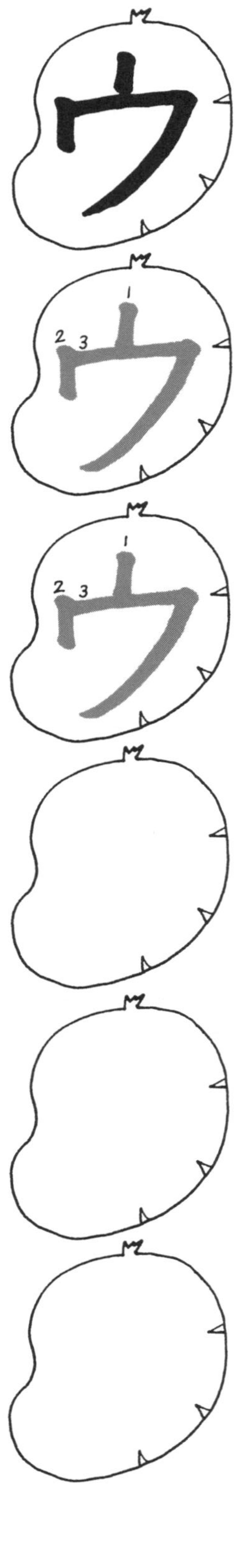

＊共通の部分をもつもの　違いを意識して

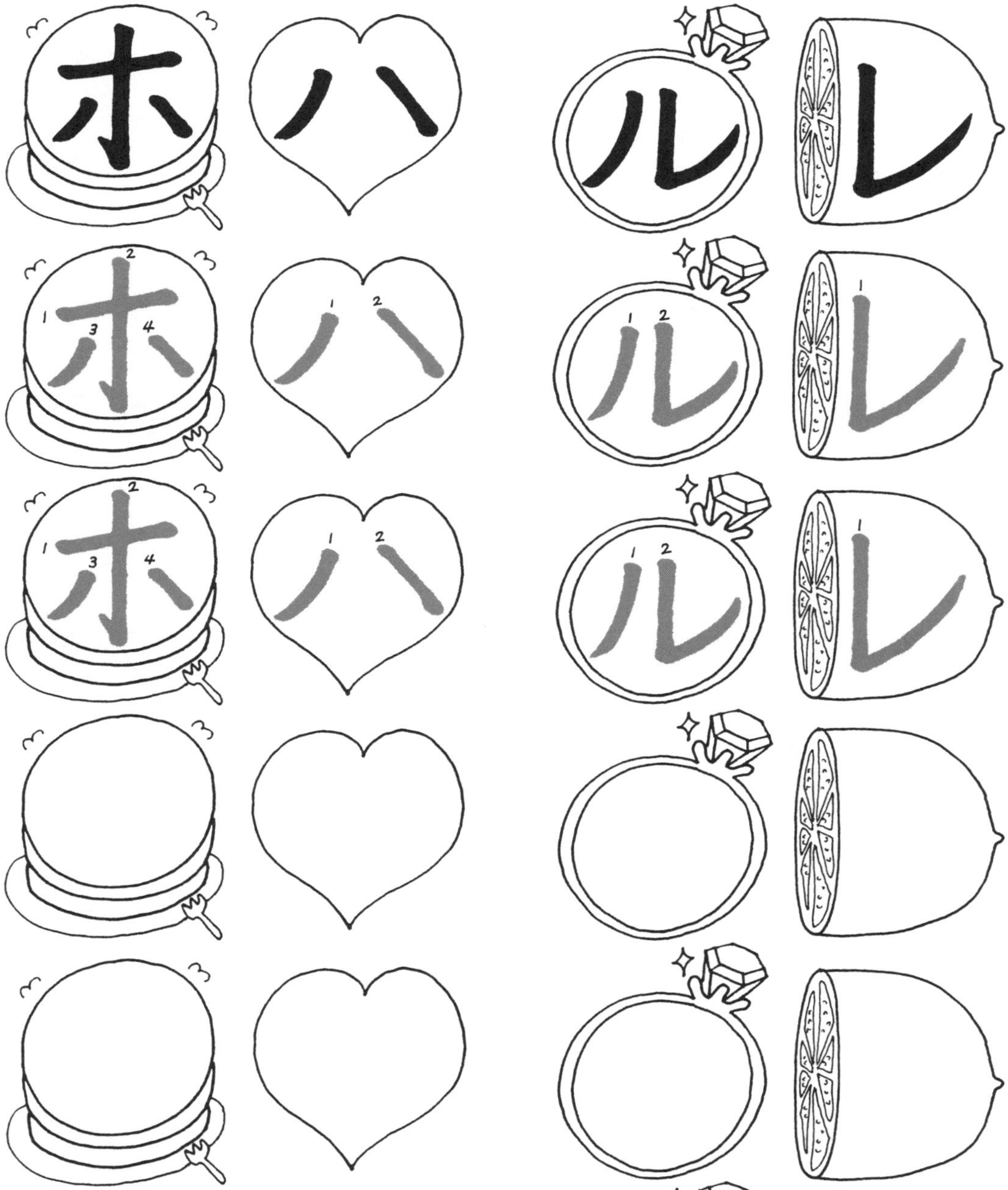

＊似た部分をもつもの　違いを意識して

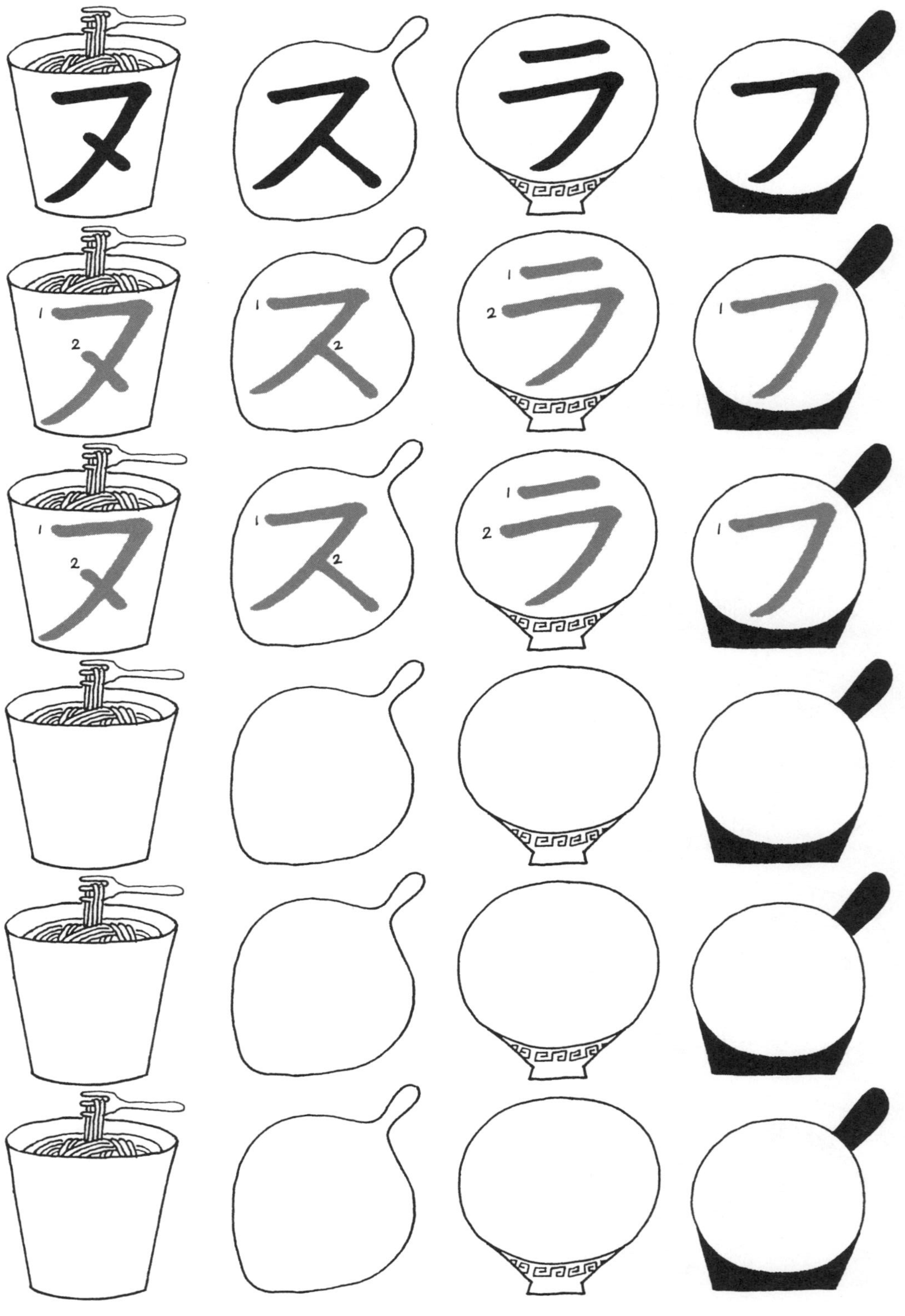

＊似た部分をもつもの　違いを意識して

＊似た筆運びをもつもの　違いに注意

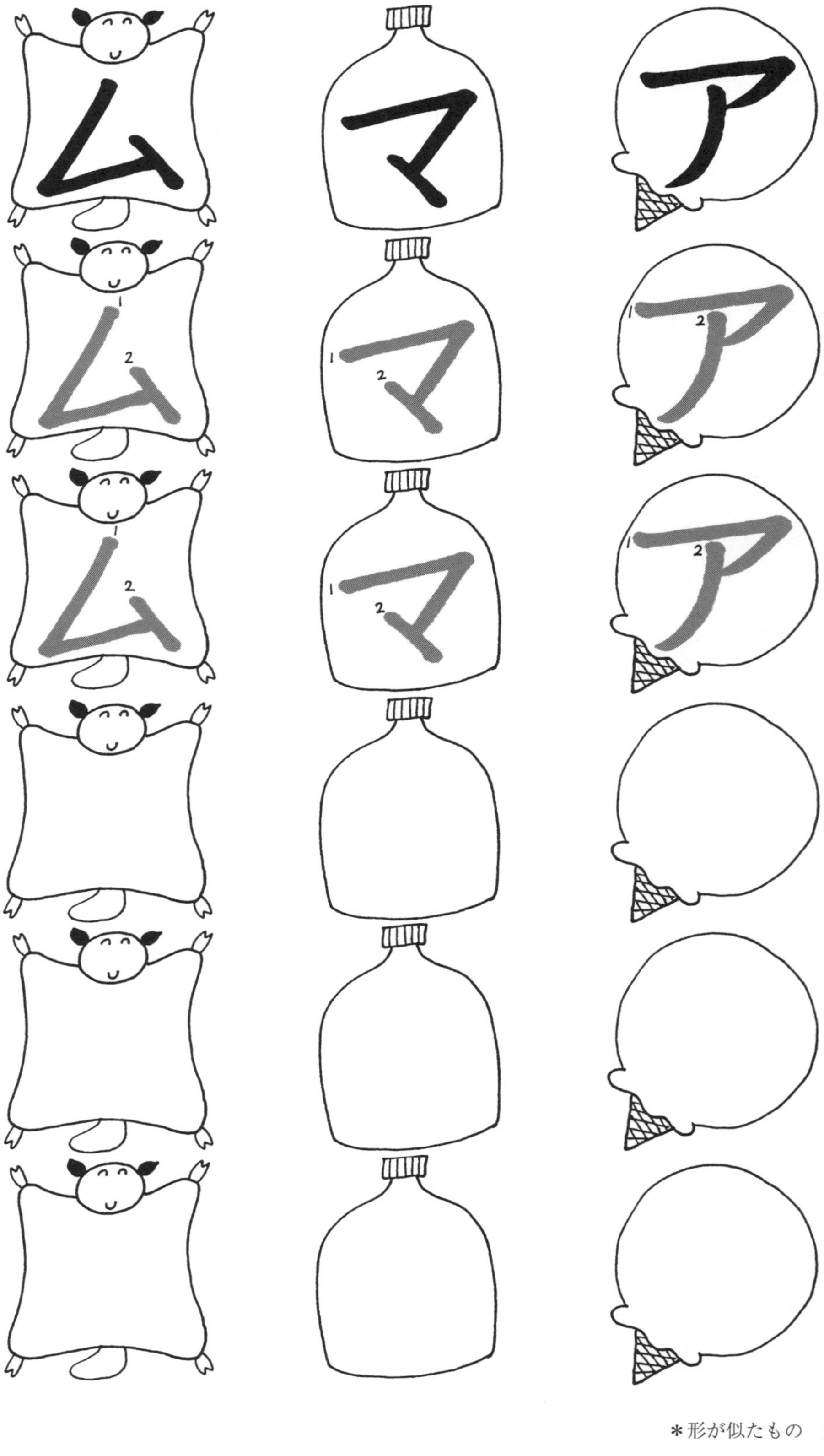

＊形が似たもの　違いに注意

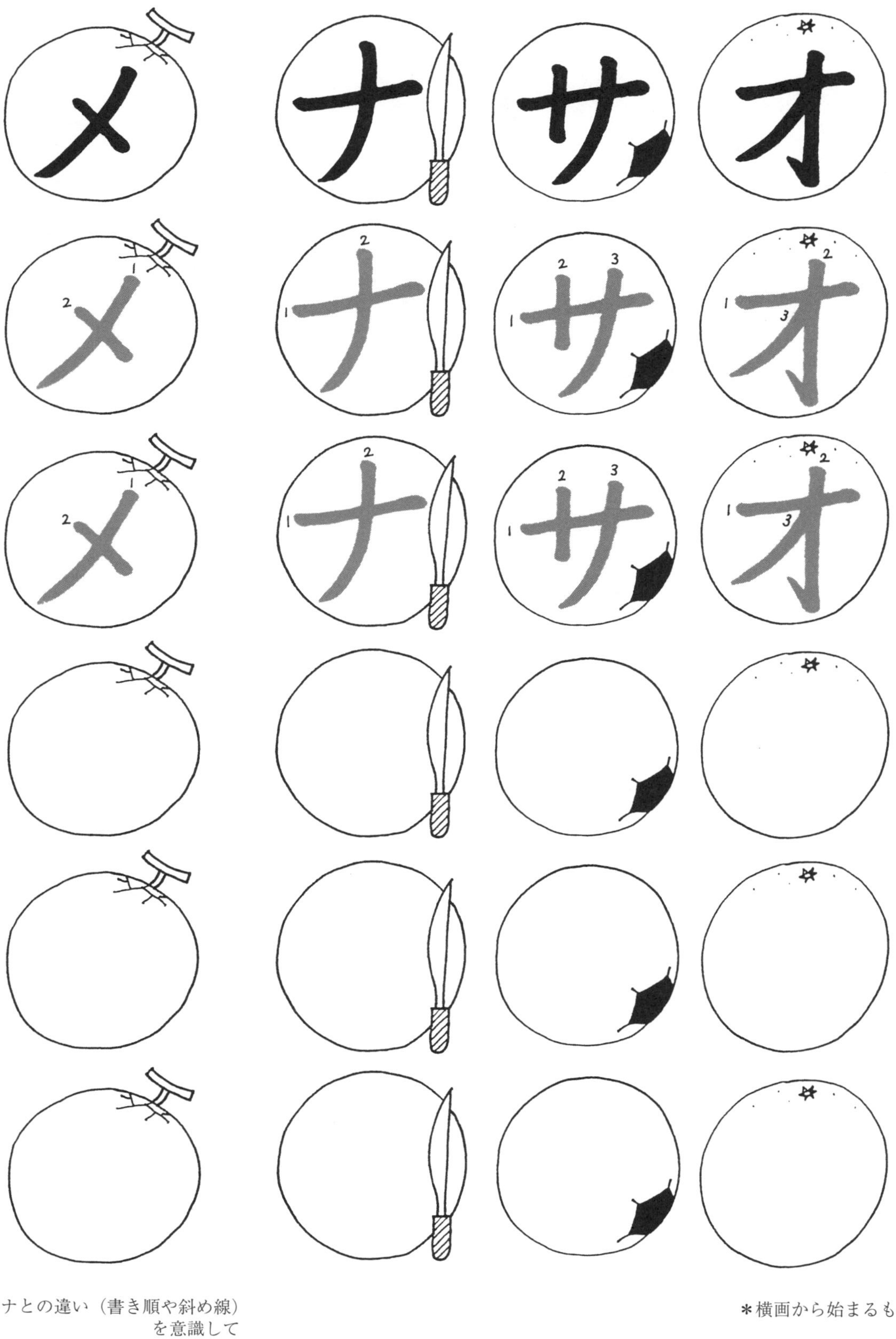

＊横画から始まるもの

＊ナとの違い（書き順や斜め線）を意識して

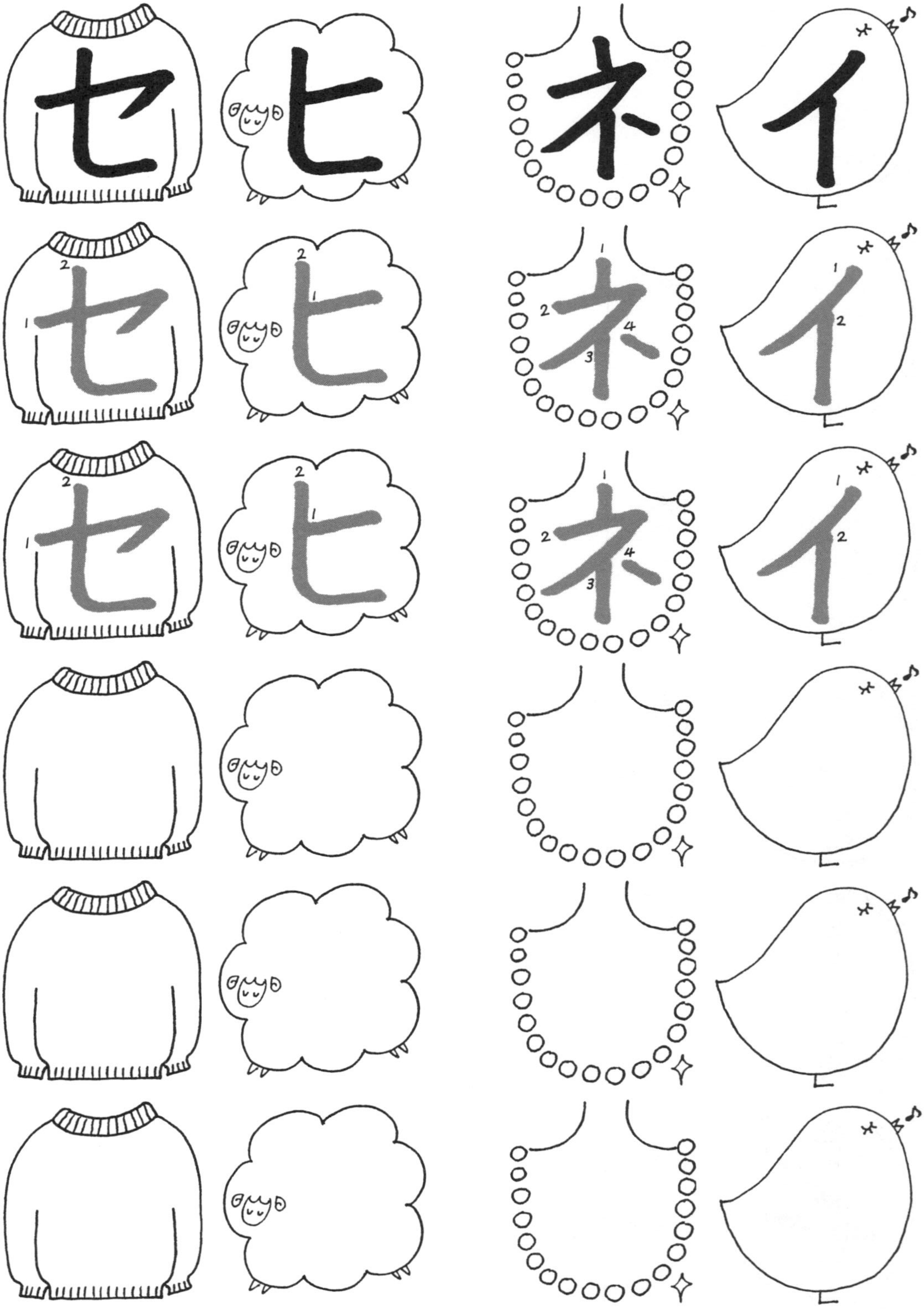

＊似た部分をもつもの　形の違いに注意

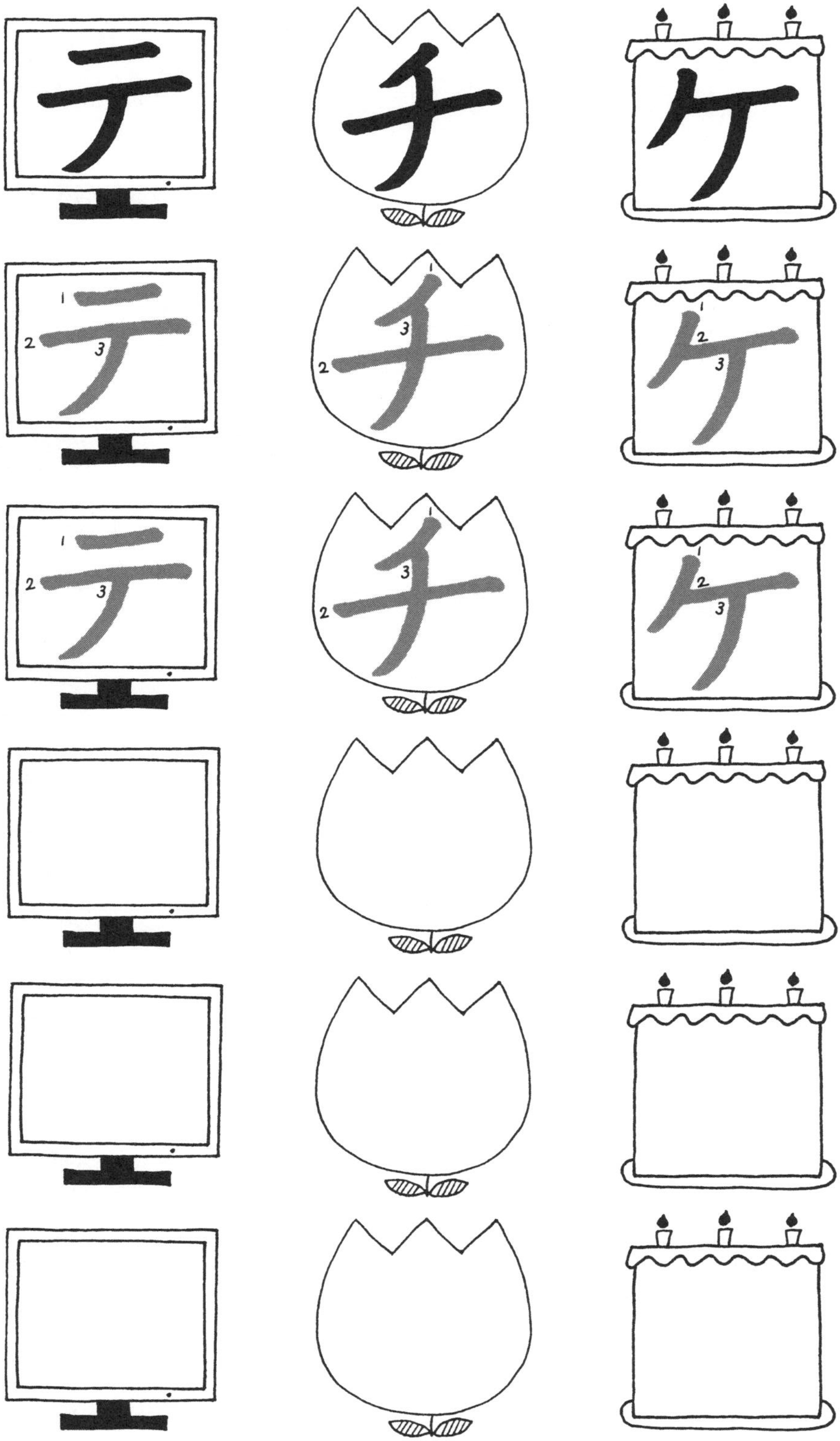

＊似た筆運びをもつもの　形の違いに注意

＊平行な二線の長さやヲの書き順に注意

＊斜め線をしっかり意識して

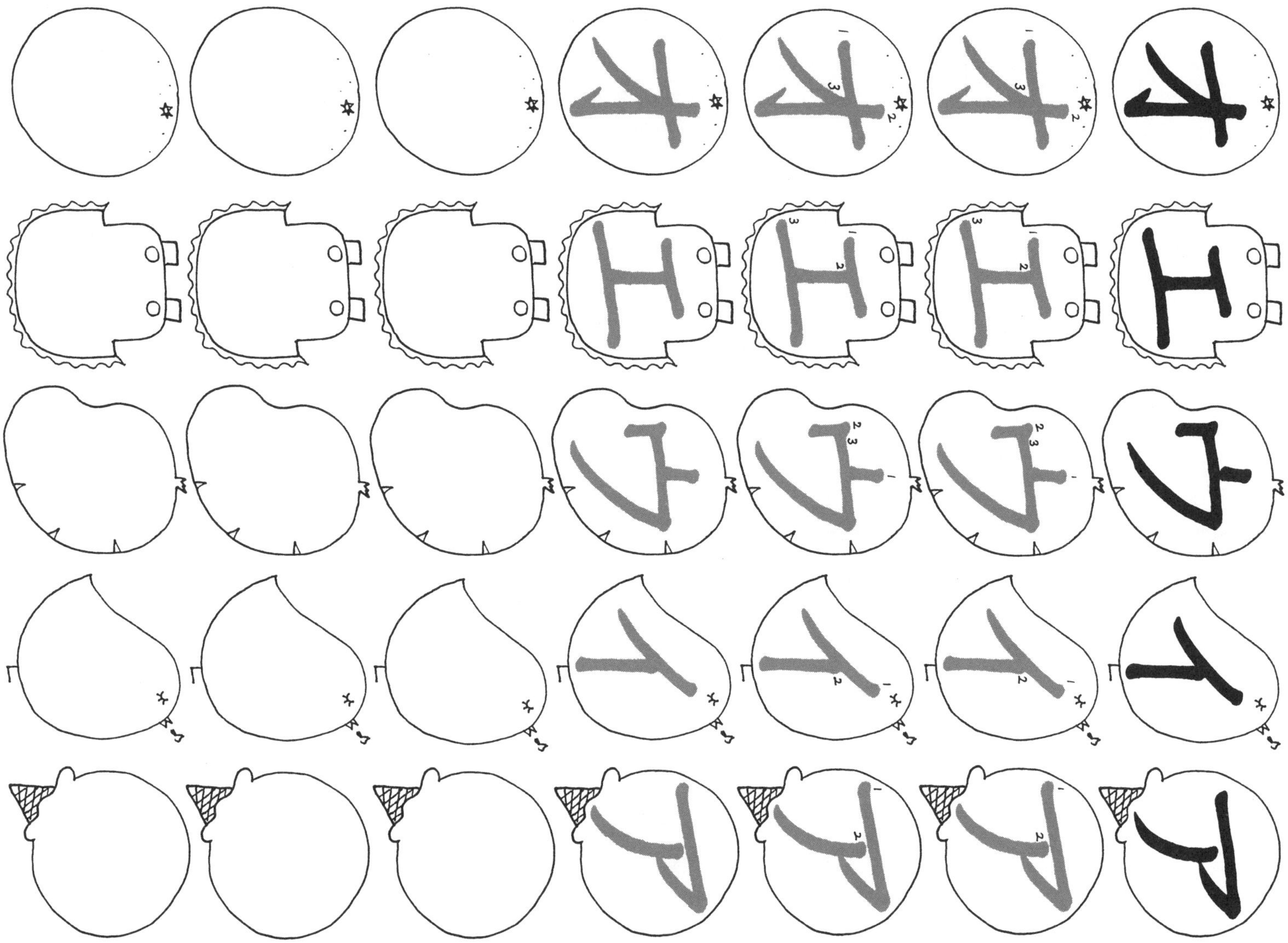
ア
イ
ウ
エ
オ

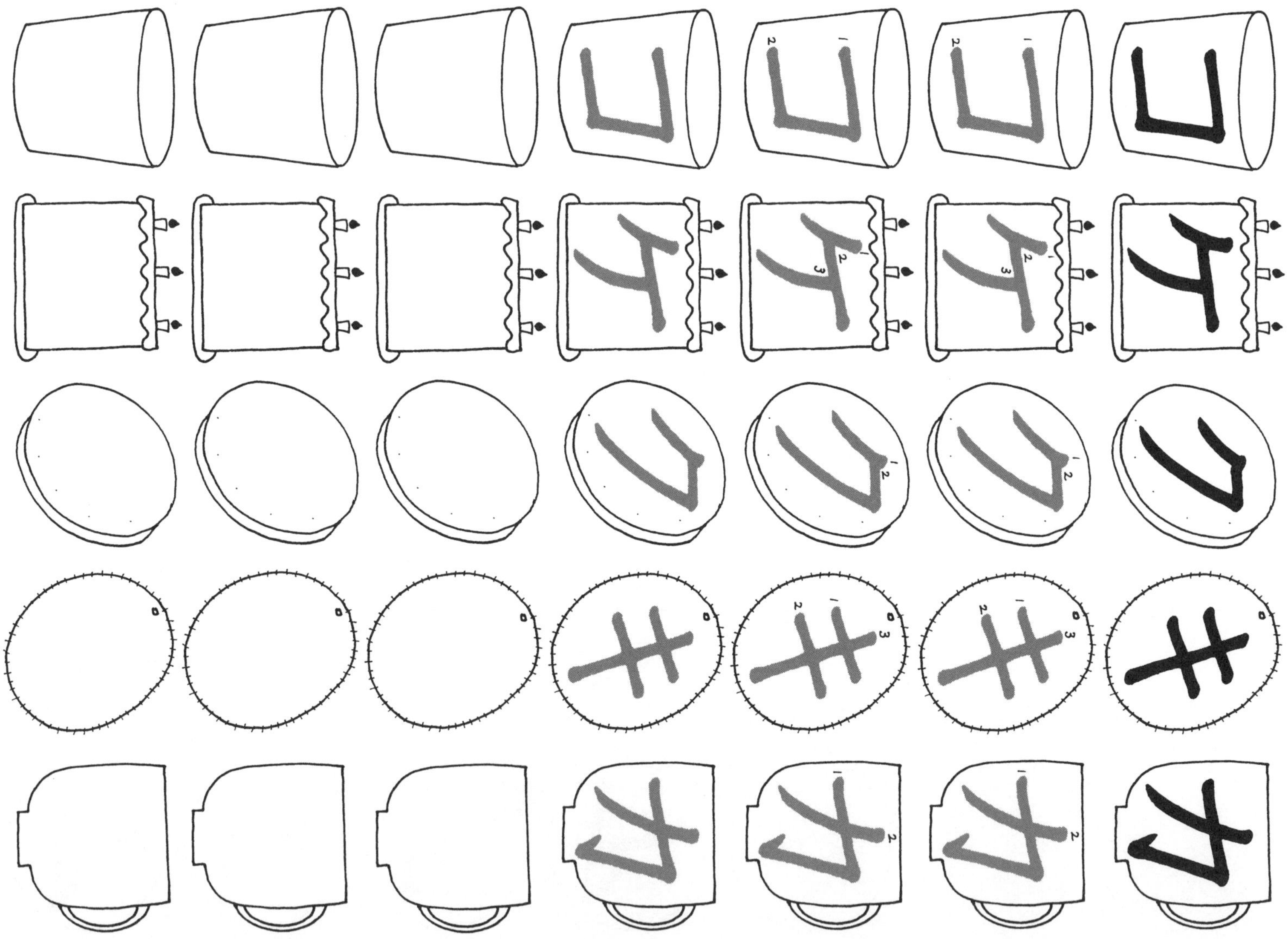
コ
ケ
ク
キ
カ

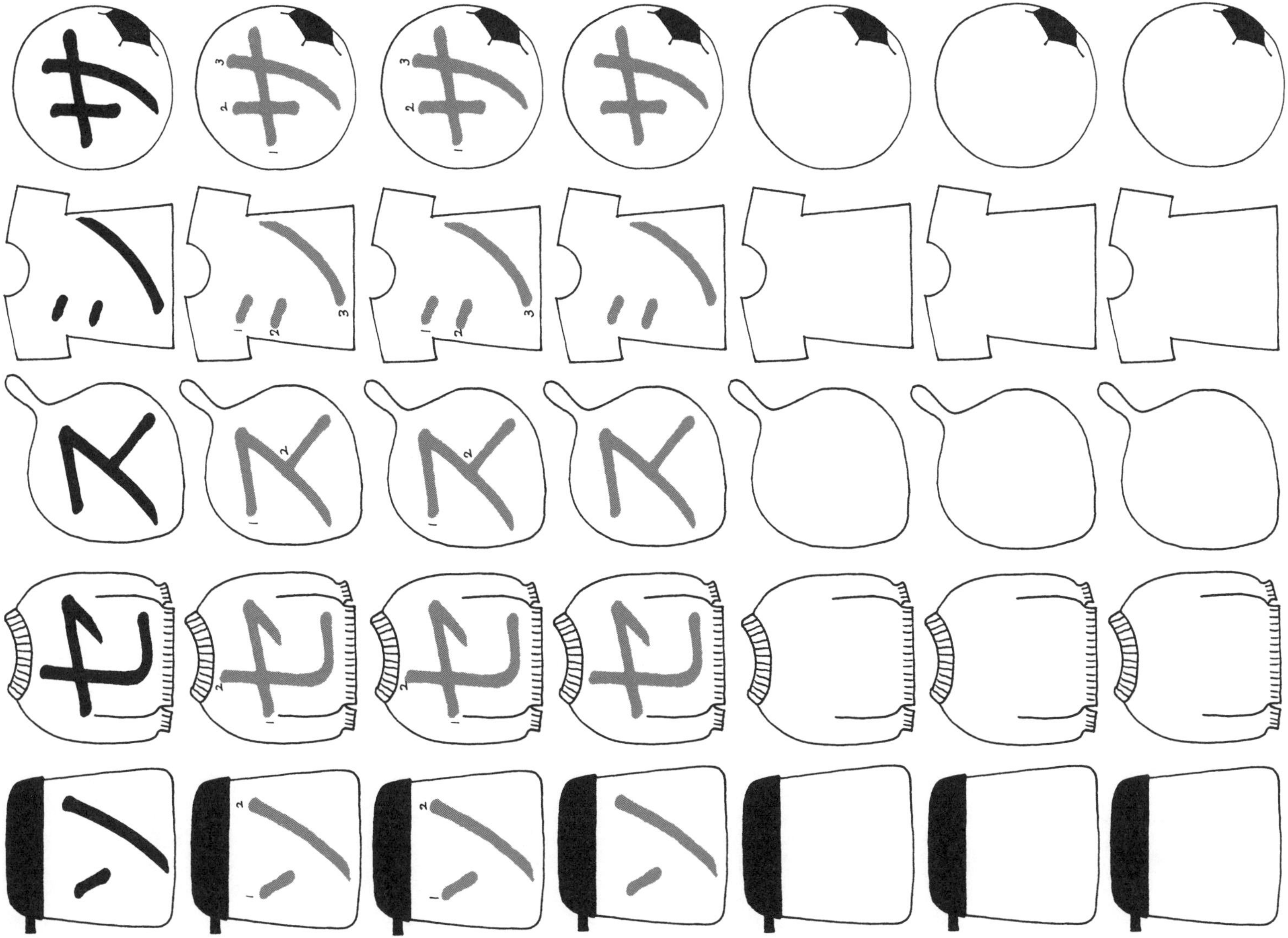
サ
シ
ス
セ
ソ

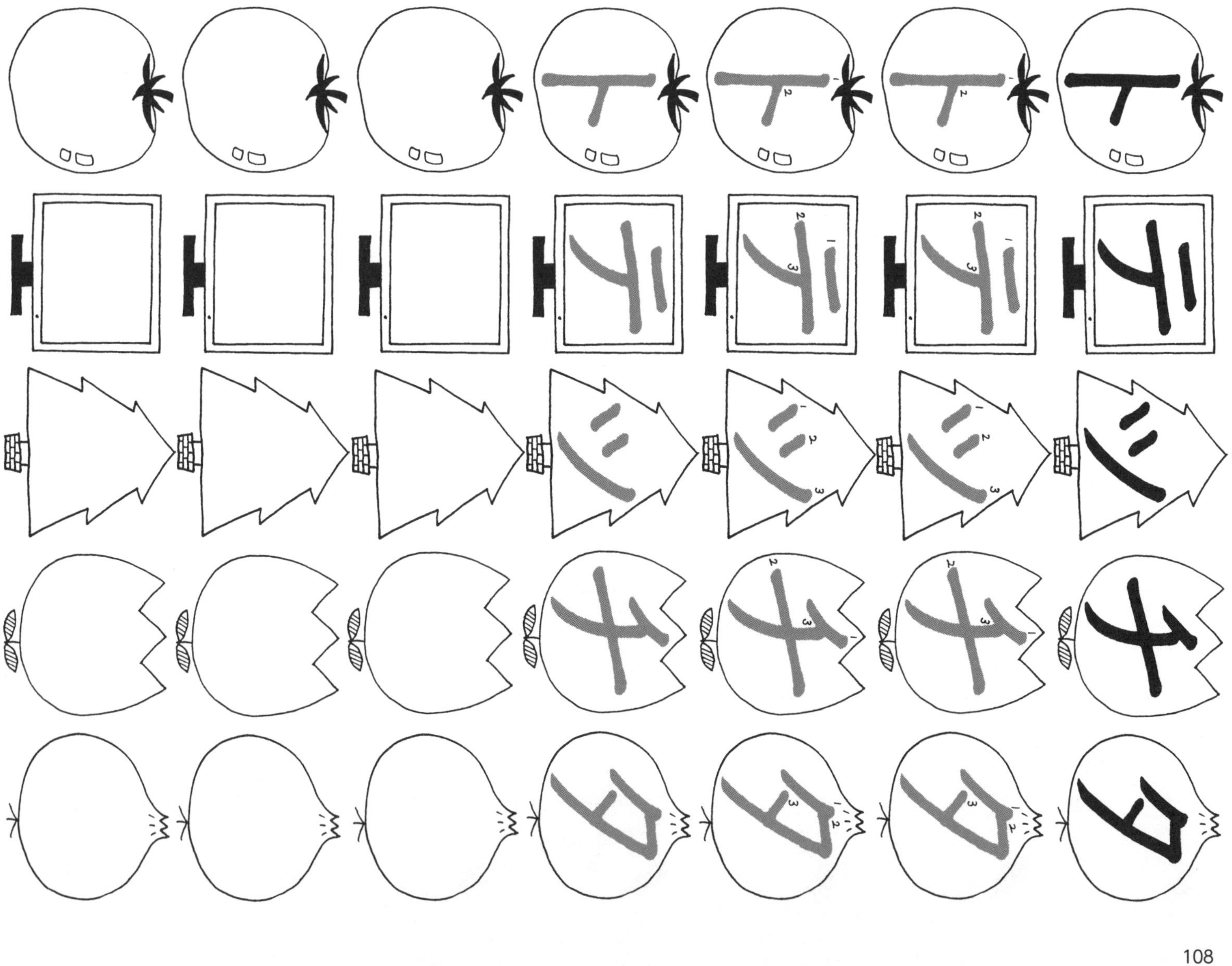
タ
チ
ツ
テ
ト

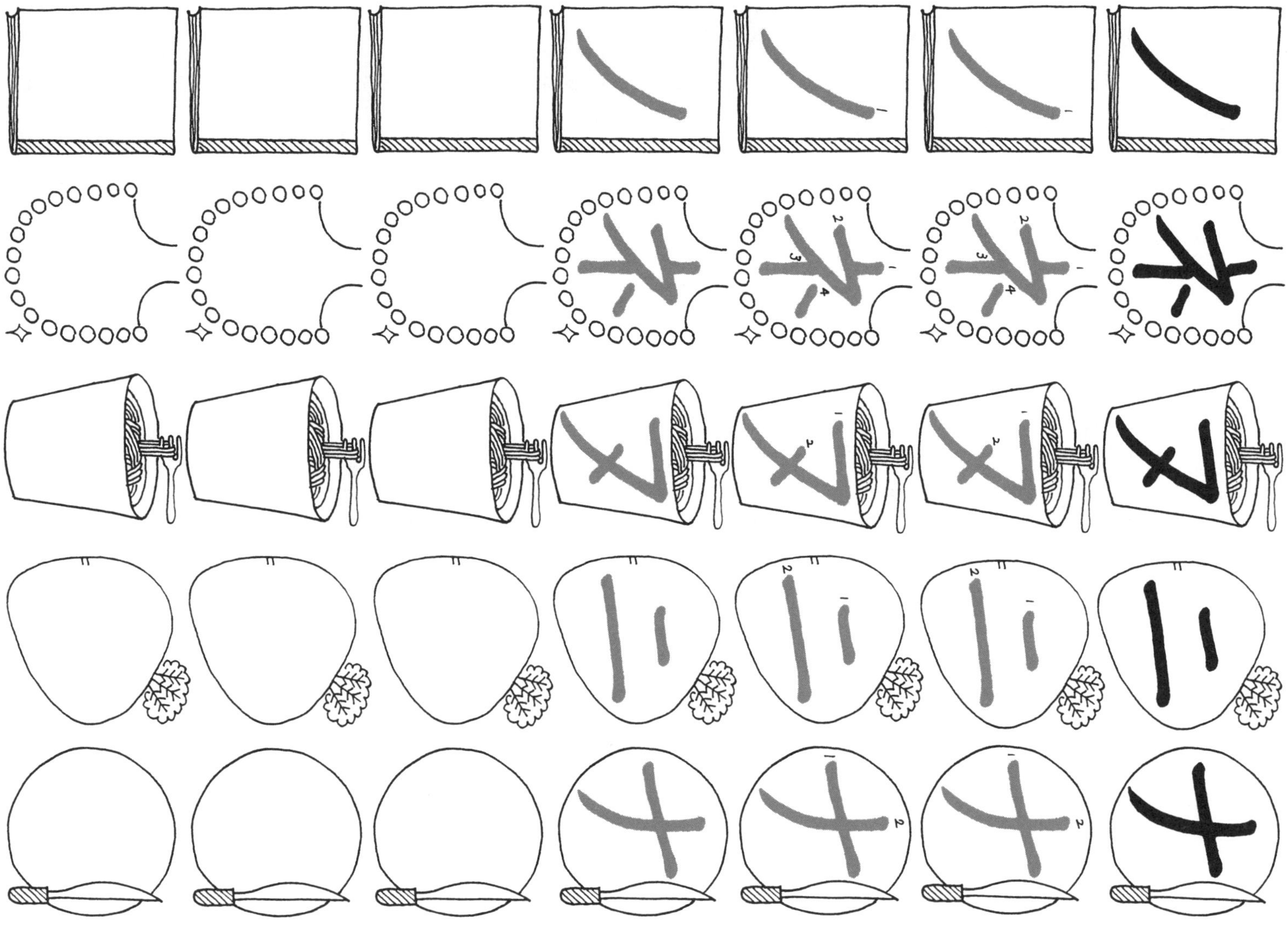

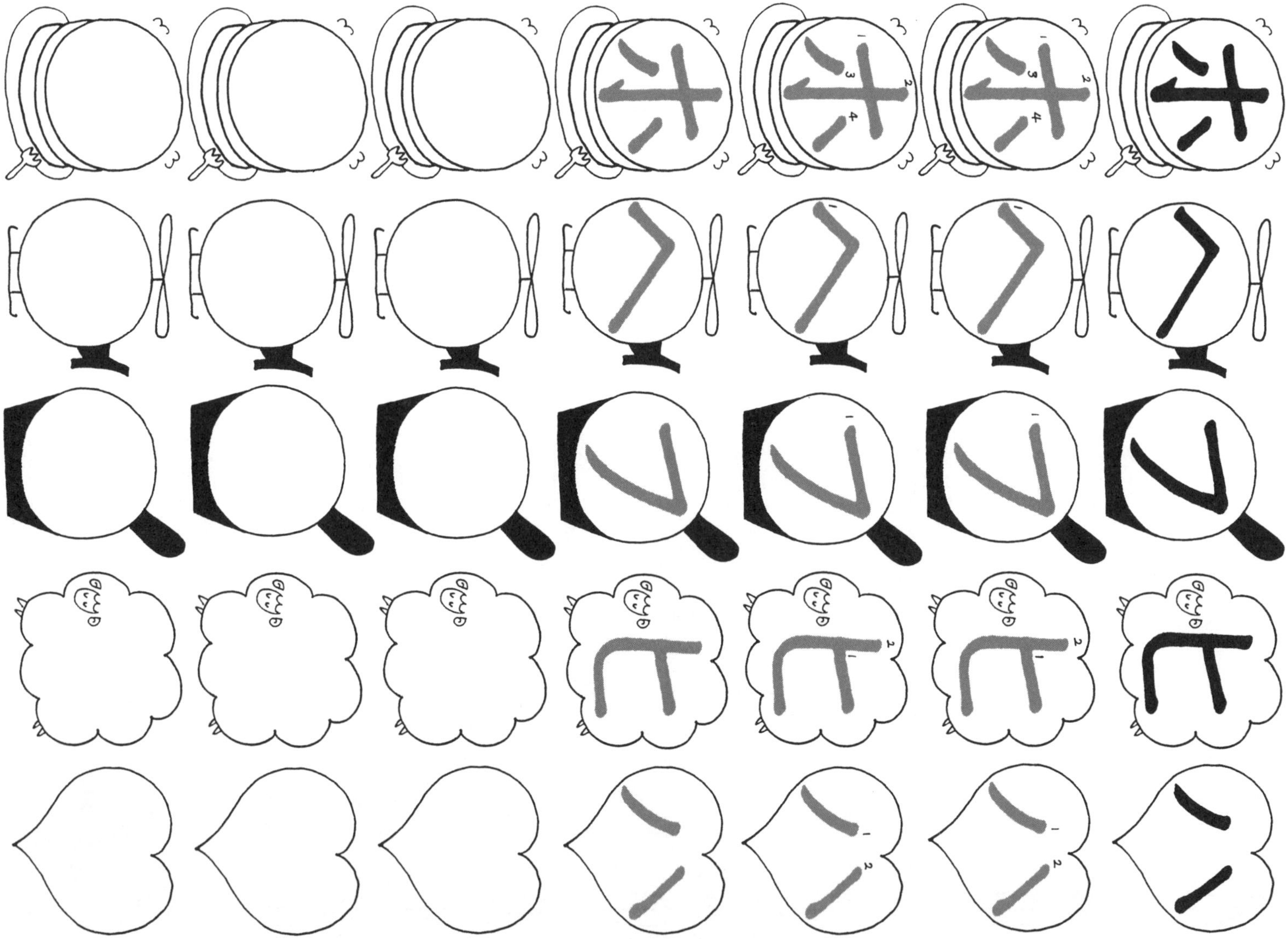
ハ
ヒ
フ
ヘ
ホ

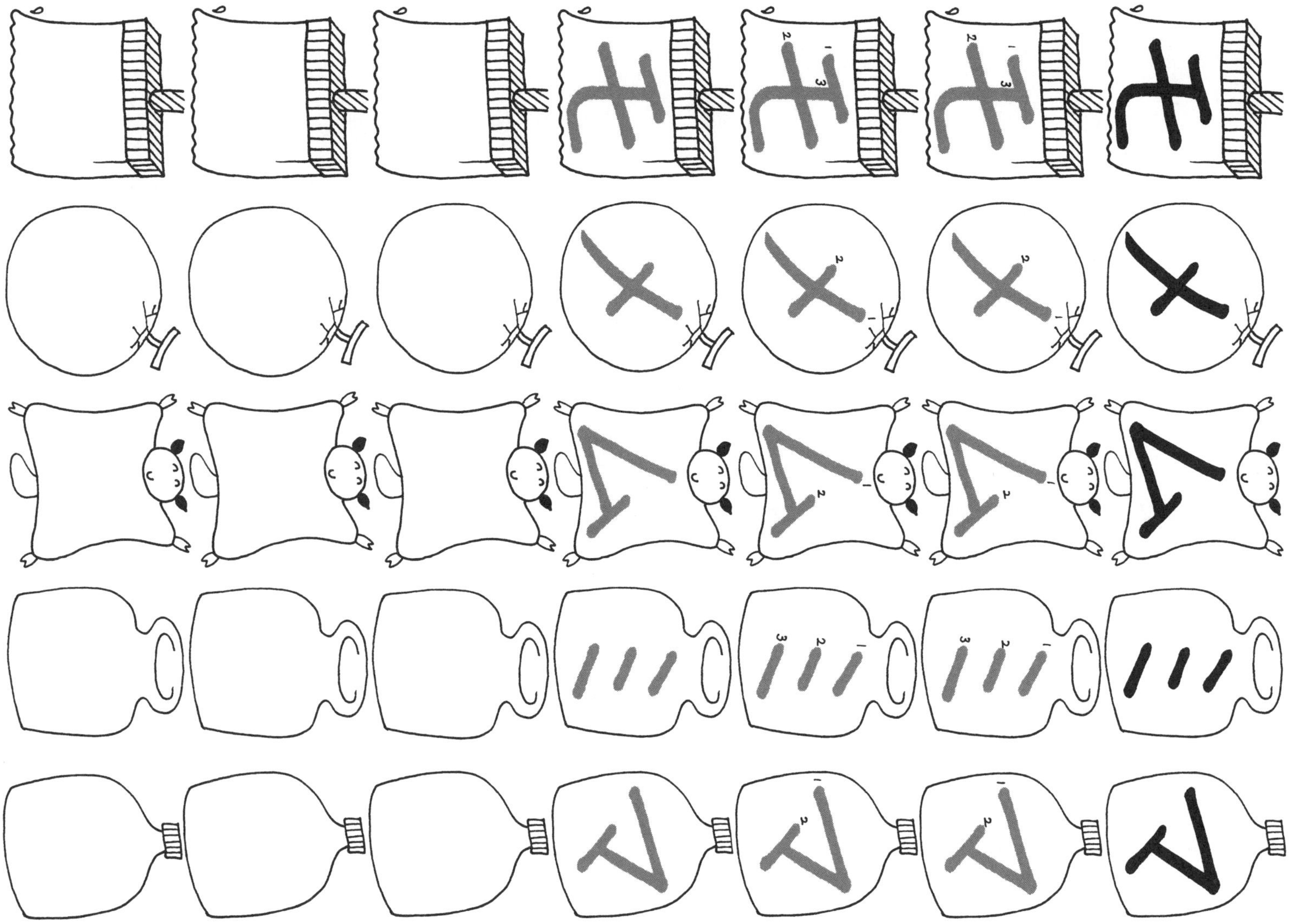
モ
メ
ム
ミ
マ

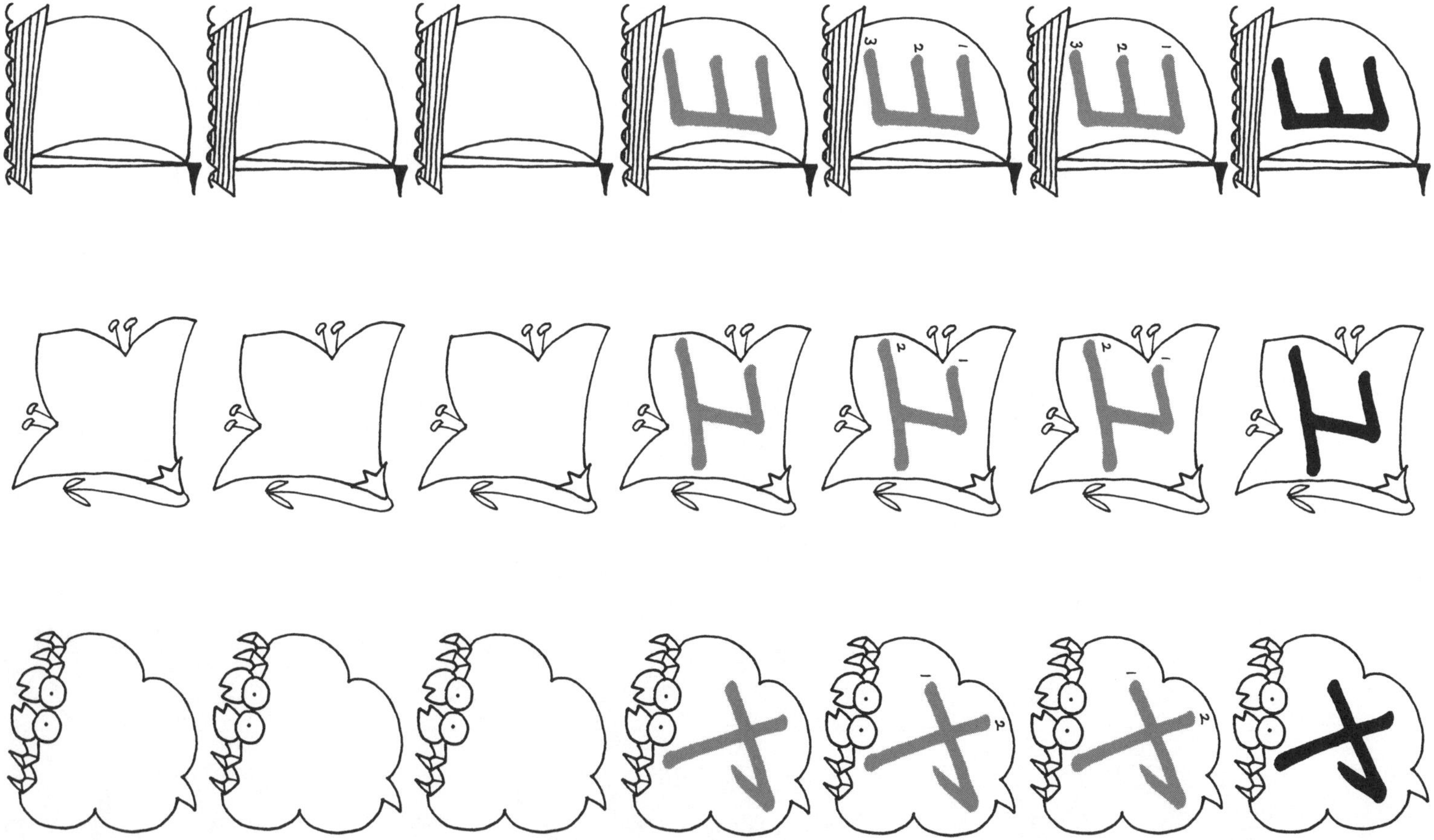
ヨ
ユ
ヤ

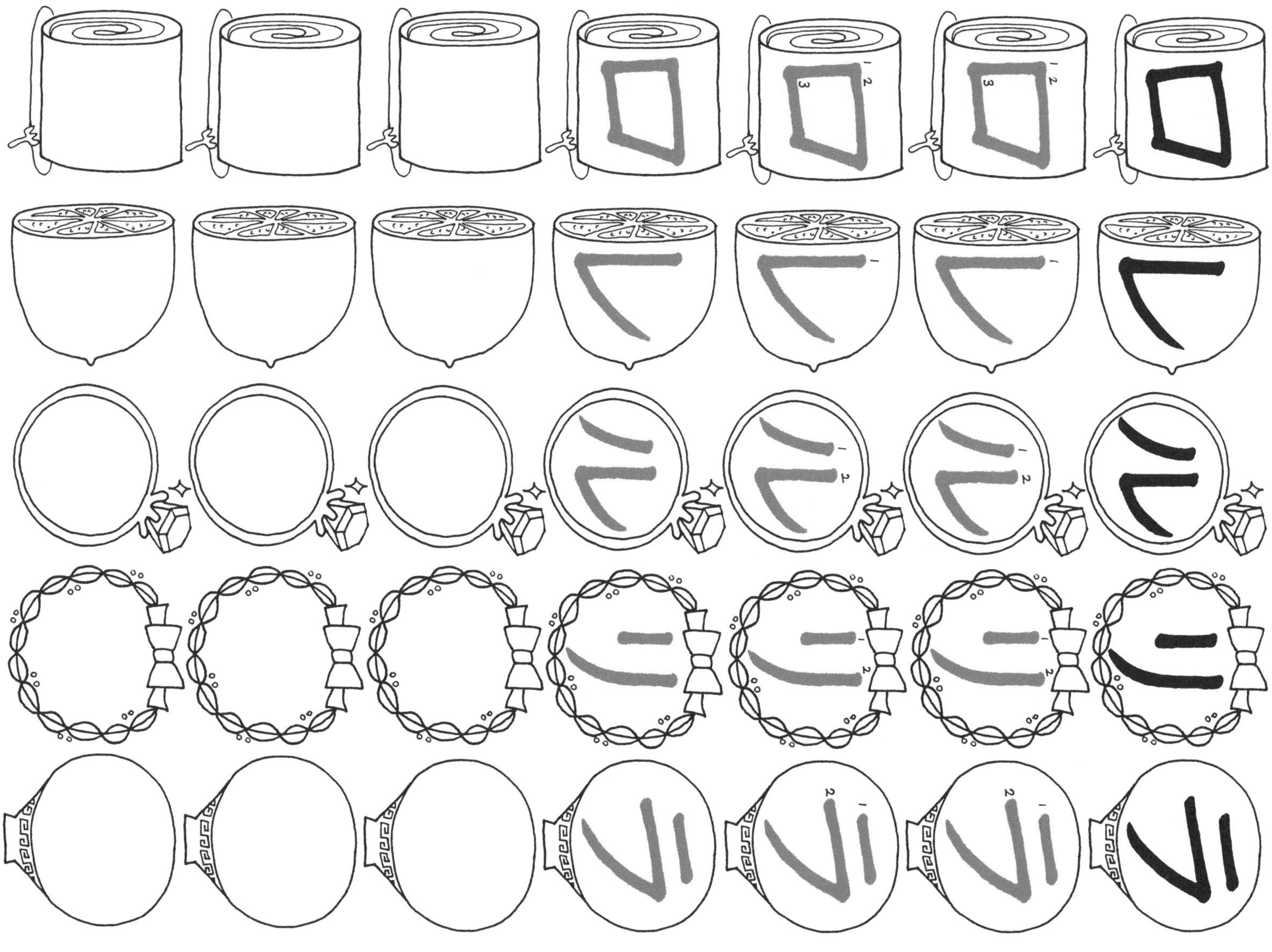
ラ
リ
ル
レ
ロ

きた
きた
きた
きた
きた
きた
きた

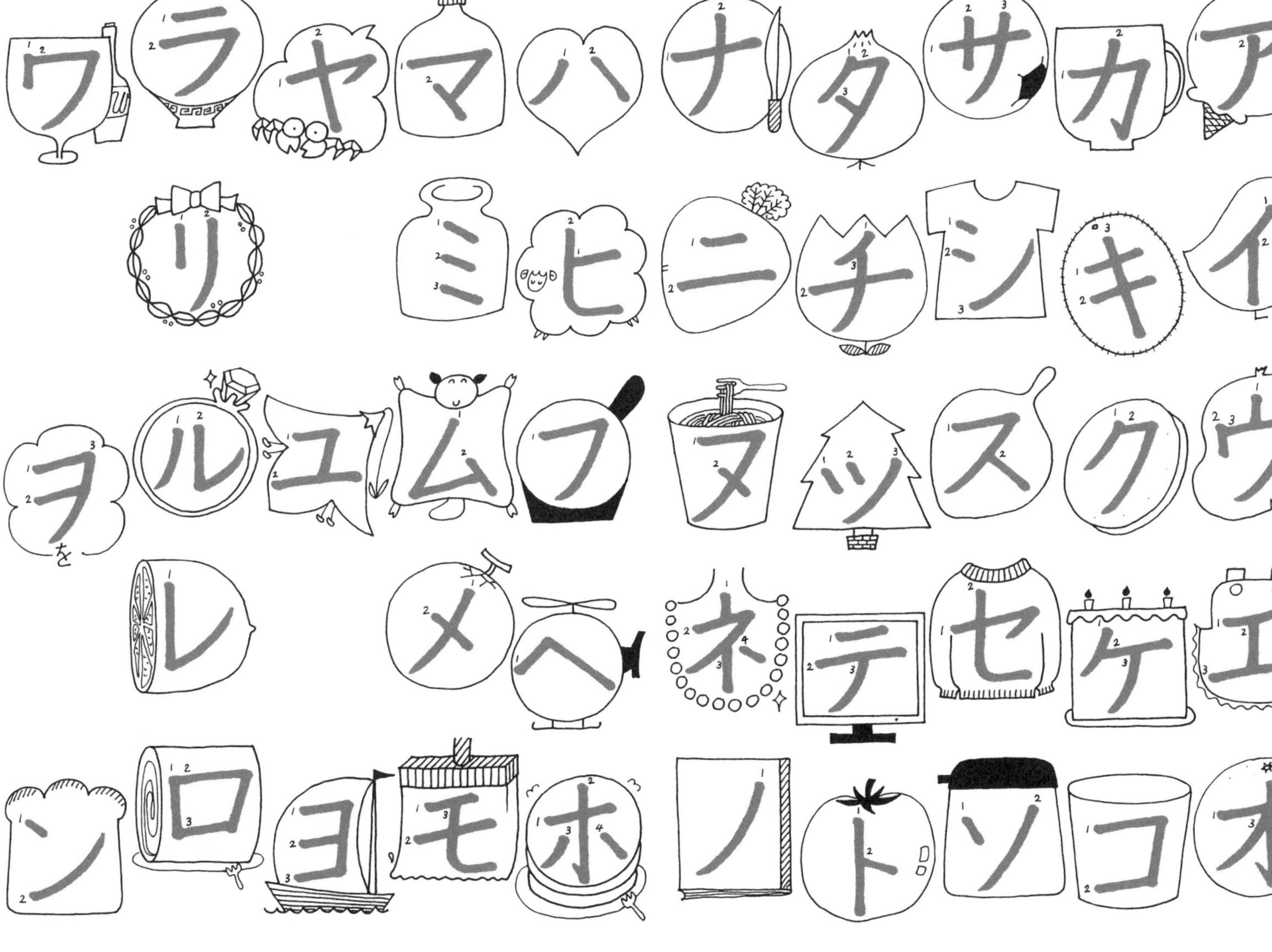

＊B4サイズに拡大してご活用ください。

ア A I SU
カ KA PPU
サ SA KKA
タ TA MA NE GI
ナ NA I FU
ハ HA TO
マ MA YO NE ZU
ヤ YA DO KA RI
ラ RA ME N
ワ WA I N
イ I N KO
キ KI U I
シ SHI YA(SHA) TSU
チ CHI YU(CHU) RI PPU
ニ NI N JI N
ヒ HI TSU JI
ミ MI RU KU
リ RI SU
ウ U I N NA
ク KU KKI
ス SU PU N
ツ TSU RI
ヌ NU DO RU
フ FU RA I PA N
ム MU SA SA BI
ユ YU RI
ル RU BI
ヲ を O
エ E PU RO N
ケ KE KI
セ SE TA
テ TE RE BI
ネ NE KKU RE SU
ヘ HE RI KO PU TA
メ ME RO N
レ RE MO N
オ O RE N JI
コ KO PPU
ソ SO SU
ト TO MA TO
ノ NO TO
ホ HO TTO KE KI
モ MO PPU
ヨ YO TTO
ロ RO RU KE KI
ン PA N

アカサタナハマヤラワ
イキシチニヒミリ
ウクスツヌフムユルヲ
を
エケセテネヘメレ
オコソトノホモヨロン

ア
A I SU
イ
I N KO
ウ
U I N NA
エ
E PU RO N
オ
O RE N JI
カ
KA PPU
キ
KI U I
ク
KU KKI
ケ
KE KI
コ
KO PPU
サ
SA KKA
シ
SHI YA(SHA)TSU
ス
SU PU N
セ
SE TA
ソ
SO SU
タ
TA MA NE GI
チ
CHI YU(CHU) RI PPU
ツ
TSU RI
テ
TE RE BI
ト
TO MA TO
ナ
NA I FU
ニ
NI N JI N
ヌ
NU DO RU
ネ
NE KKU RE SU
ノ
NO TO
ハ
HA TO
ヒ
HI TSU JI
フ
FU RA I PA N
ヘ
HE RI KO PU TA
ホ
HO TTO KE KI
マ
MA YO NE ZU
ミ
MI RU KU
ム
MU SA SA BI
メ
ME RO N
モ
MO PPU
ヤ
YA DO KA RI
ユ
YU RI
ヨ
YO TTO
ラ
RA ME N
リ
RI SU
ル
RU BI
レ
RE MO N
ロ
RO RU KE KI
ワ
WA I N
ヲ
を
O
ン
PA N

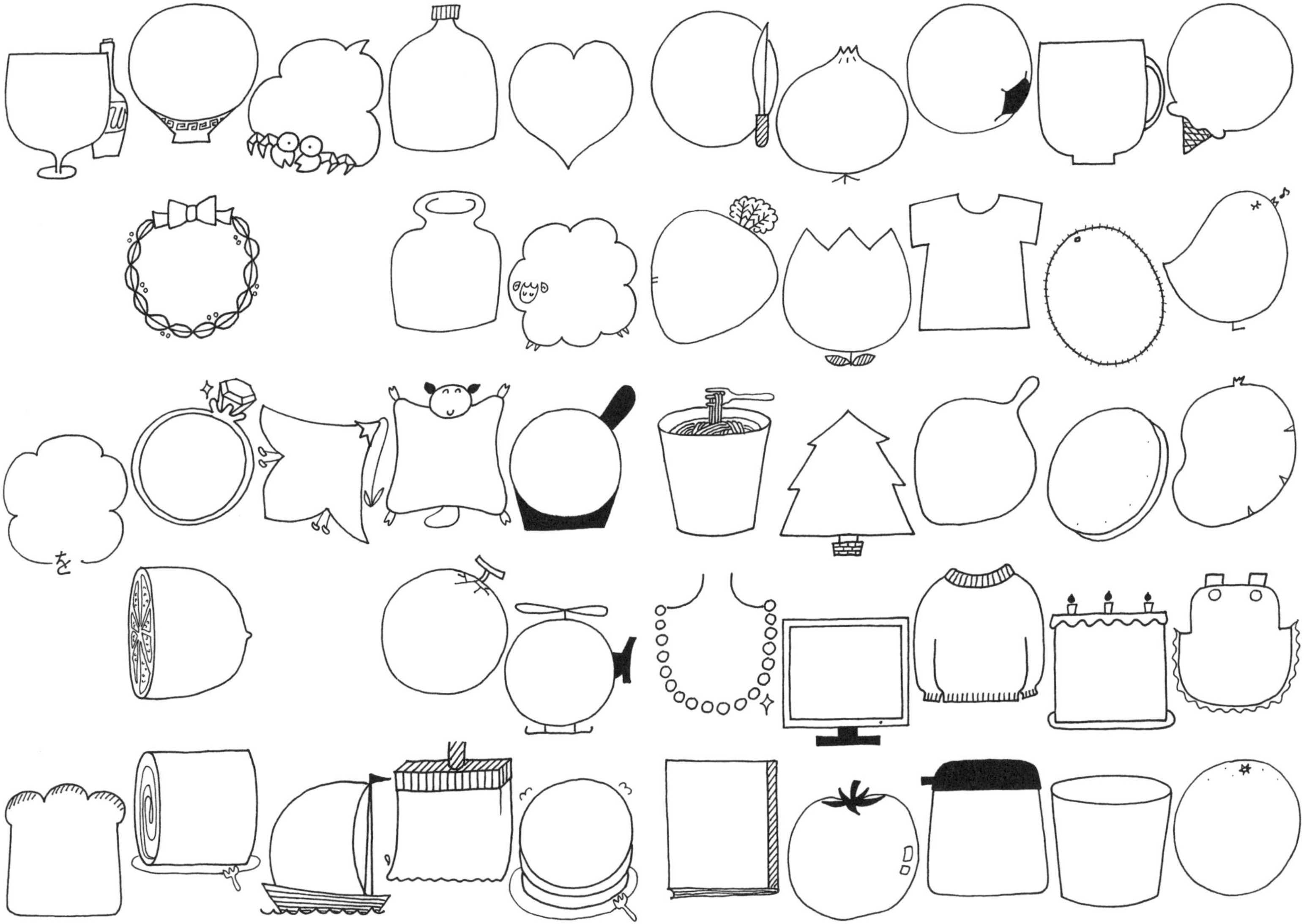
を

＊B４サイズに拡大してご活用ください。

おわりに

現職中最後の6年間、特別支援学級担任という貴重な体験をさせていただきました。

初めて受け持ったのは、丸いものが大好きで校内のお気に入りの場所に向かって走り出してしまう、発語のない1年生。それまでの教師としての経験などまったく通用しません。

そこで取り組んだのが、おもちゃづくりです。ねらいは、ひとつのことに興味を持って取り組み、おもちゃを介して私との間にコミュニケーションや信頼関係を成立させることです。最初の作品は1年生のあさがおセットが入っていた頑丈な段ボール箱とトイレットペーパーの芯を使った輪投げです。色画用紙で装飾し、見るからに楽しげなものができました。長縄を切ってつくった輪を投げ込むと大人の私でも気分があがります。でも、その子がそれで遊ぶことはありませんでした。後でわかったことですが、その子にとっての遊びとは、「花壇脇の小石をつまんでは、段差の上から校庭に下手でポイッと投げ込む」だったのです。輪投げは教室のオブジェとなり、休み時間に遊びにくる1年生のおもちゃになりました。

そんな試行錯誤を繰り返しながら、その後も教室で出会った教科書が使えない子どもたちの前でもオロオロせず、なんとか教師らしい仕事をするために私の教材づくりが続きました。市販の教材だと高額な物は注文してから届くのに時間がかかりますし、子どもにベストマッチするとは限りません。教材づくりの主な材料は、牛乳パックや段ボール、カラーガムテープなど身近にあるものです。百均にもたくさんお世話になりました。そして、教材づくりの一番の先生は目の前の子どもたちです。その子が今どんな支援を必要としているかを感じ取り、視覚的な教具やプリントでスモールステップを積み重ねることによって、子どもたちの「できた」場面をたくさん目の当たりにすることができました。当時、夏休みの校内研修でお呼びした講師の方の「教師は子どもによって自己実現する」という言葉に深く頷いたのを覚えています。子どもたちとの出会いに感謝しつつ、悔いなく25年間の教員生活を終えたのでした。（まさかその数年後、日本語教室で教えることになるとは思ってもみませんでしたが。）

久しぶりの学校で出会ったのは、底抜けに明るく人なつこい、幼くして2カ国語目を学ぶ尊敬すべき子どもたちでした。そして言葉による学習理解の不足を補うために、ここでも手づくりの視覚的教材の出番だったのです。外国籍児童の場合、親御さんも日本語がわからず家庭の協力を仰ぐのが難しいケースもあるため、1時間の授業が勝負です。こうして生まれた絵枠トレーニングですが、そろそろ年齢的に現場に立つ機会も減ってきましたので、これからのお若い先生方の奥の手となることを祈って伝授させていただきます（笑）。

私事になりますが、先日還暦を迎えました折りに、思いがけず昔の教え子からそれは素敵なお祝いとお手紙が届きました。彼女は35年前につくった学級文集を大切に持ち続け、今はお子さんに読み継いでくださっているとのこと。文字や言葉、そこに込められた想いは時を経てもつながっていくことを実感した、心に残る出来事でした。

自分が好きな教える仕事に携わることができたこと、たくさんの出会いに感謝するとともに、最後になりましたが、本書の出版にあたりご尽力いただきました明治図書出版の林知里様に、心よりお礼申し上げます。

西野桂子

【著者紹介】
西野　桂子（にしの　けいこ）
６年間の特別支援学級担任を含め，小学校教員として25年間勤めたのち，非常勤講師として日本語指導教室に勤務する。

［装丁］大木陽子・西野桂子

特別支援教育サポートBOOKS
だれでも楽しく読み書きが覚えられる
ひらがな・カタカナ絵枠トレーニング
―コピーして使えるカード＆プリント―

2021年11月初版第１刷刊　©著　者　西　野　桂　子
発行者　藤　原　光　政
発行所　明治図書出版株式会社
http://www.meijitosho.co.jp
（企画）林　知里（校正）芦川日和
〒114-0023　東京都北区滝野川7-46-1
振替00160-5-151318　電話03（5907）6703
ご注文窓口　電話03（5907）6668

＊検印省略　組版所　株　式　会　社　カ　シ　ヨ

Printed in Japan　ISBN978-4-18-222517-8